Jérusalem et le Saint-Sépulcre, par ALFRED MONBRUN, Officier d'Académie.

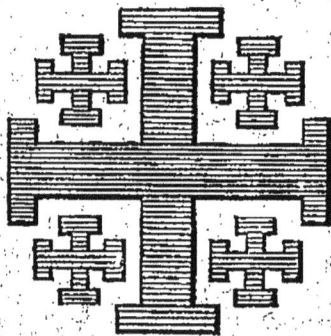

Imprimerie de Saint-Augustin,

DESCLÉE, DE BROUWER & Cie.

LILLE, RUE ROYALE, 26. — BRUGES (BELGIQUE).

1880.

à conserver

JÉRUSALEM

3054

ET LE SAINT SÉPULCRE.

Jérusalem et le Saint-Sépulcre, par ALFRED MONBRUN, Officier d'Académie.

Imprimerie de Saint-Augustin,
DESCLÉE, DE BROUWER & Cie.
LILLE, RUE ROYALE, 26. — BRUGES (BELGIQUE).
1880.

A Sa Grandeur.

Monseigneur Vincent Bracco

PATRIARCHE DE JÉRUSALEM,

Hommage de profond respect.

A. M.

Patriarcat Latin
DE
JÉRUSALEM.

———

MONSIEUR,

J'ai reçu en leur temps les divers ouvrages que vous avez bien voulu m'adresser.

Je viens de terminer la lecture du manuscrit Jérusalem et le Saint-Sépulcre *dont vous m'offrez la dédicace en me manifestant l'intention de publier cet ouvrage au profit d'une de nos Œuvres catholiques de Palestine.*

J'accepte avec reconnaissance cette dédicace et signale à vos sympathies l'Œuvre des Sœurs de St-Joseph-de-l'Apparition *établies à Jaffa.*

Quant à l'approbation explicite de votre livre, vous comprendrez que devant les paroles élogieuses de ma personne qu'il contient, la délicatesse m'impose le silence.

Au reste, vous ne pouvez douter que je ne souhaite à votre livre le plus complet succès...

En attendant, je vous prie d'agréer l'expression des sentiments dévoués avec lesquels j'ai l'honneur d'être

Votre très humble en N.-S.

(Signé) ✠ VINCENT.

PATRIARCHE DE JÉRUSALEM.

INTRODUCTION.

DÈS les premiers siècles du Christianisme, la Palestine devint l'objet de la vénération des fidèles, le but de nombreuses visites. Que de souvenirs se rattachaient à ce petit coin de terre, témoin de la naissance, de la vie et de la mort d'un Dieu ! Ici c'était Bethléem avec la Crèche ; là, Nazareth avec l'Atelier de charpentier ; là, ces bourgades de la Judée, où la foule se pressait sur les pas du Sauveur pour entendre sa parole, pour voir ses miracles ; là enfin, Jérusalem, l'antique Cité de David, avec le Temple de Salomon, le Prétoire, le mont des Olives, le Calvaire et le Saint-Sépulcre. Sur l'emplacement de tous ces lieux à jamais mémorables s'étaient élevées de grandes basiliques, sanctuaires privilégiés, comme le furent plus tard ceux de Rome, où l'on aimait à venir s'agenouiller, prier, entrer en communication plus directe avec la Divinité.

La Palestine, pour les chrétiens, n'était point un pays étranger, mais une patrie commune ; tout bon chrétien devait faire, au moins une fois dans sa vie, le pèlerinage de Jérusalem, visiter le Tombeau du Christ, comme tout bon musulman doit faire le pèlerinage de la Mecque, visiter le tombeau du Prophète.

Rien n'arrêtait les pèlerins, ni la longueur du trajet, ni les fatigues et les périls du voyage. On les voyait s'échelonner sur tous les grands chemins de l'Occident et de l'Orient pour aller à Jérusalem.

A défaut de la vapeur et des chemins de fer, il y avait des guides, des itinéraires ; chaque étape de *la route avait son hôtellerie, son hospice, lieu de repos, asile précieux pour les voyageurs et les malades.*

Mais aujourd'hui les voyages perdent la poésie de l'impossible. Partout des caravanes s'organisent et bientôt un chacun pourra accomplir son pèlerinage aux Lieux-Saints.

Un Pèlerinage en Terre-Sainte ! C'est le vœu de toute âme qui, revenue de ses défaillances, entraînée par de célestes aspirations, cherche des forces nouvelles, de plus vives lumières. C'est le vœu du jeune homme qui, au sortir des premières années, avant de s'élancer vers un avenir inconnu, veut au point de départ placer un de ces grands souvenirs, près desquels on se retrouve toujours dans les luttes de la vie. C'est le vœu de celui qui, après avoir combattu longtemps dans la poudre du chemin, désire, loin du nuage, voir de plus près le ciel !

Je ne m'étonne donc pas de voir notre époque reprendre les traditions primitives. Deux amours se réveillent avec énergie dans les âmes catholiques : l'amour de Rome et l'amour de Jérusalem. Ces deux grands noms fixent tous les regards, attirent tous les cœurs, et des pèlerins partent comme aux anciens jours, pour aller se prosterner aux pieds du Saint-Père et au Tombeau de JÉSUS-CHRIST. *Ce concours commencé ira en augmentant.* Dieu le veut ! *ce noble cri de nos pères retentira comme un signal, et des croisades pacifiques partiront pour Rome, pour Jérusalem, les deux villes de la chrétienté.*

Maintenant, en effet, tout nous y invite, la vapeur supprime les distances et rapproche les rivages.

Aussi que d'âmes ne tournent vers cette terre si riche leurs aspirations ! quel chrétien n'a fait, au moins en pensée, un pèlerinage au Sépulcre du Sauveur? et qui pourrait se défendre d'une religieuse émotion en voyant ces pierres et cette poussière sanctifiée?

On a plusieurs fois écrit l'histoire des pèlerinages en Terre-Sainte. Des plumes savantes, inscrivant chacun de ces pieux voyages, ont, par des travaux dignes d'éloges, marqué une à une les étapes où s'est arrêtée chaque génération de pèlerins depuis nos contrées de la Gaule, d'Allemagne et d'Italie, jusqu'à cette ville immortelle dont le nom est synonyme du Ciel. Les historiens nous ont montré à travers dix-huit siècles et dans tous les pays, cette longue suite de chrétiens qui vont visiter un tombeau: d'abord les saintes Femmes de l'Évangile, puis quelques pêcheurs de Galilée ; à la voix de ces pêcheurs, des foules pressées dont le flot monte toujours, comme un témoignage permanent à la divinité de cette religion, qui s'appuie sur un tombeau vide, sur la pierre renversée d'un sépulcre! Les historiens nous ont montré ces hommes, le savant et l'ignorant, le Grec et le barbare, les incrédules et les martyrs, les peuples et les rois, les fiers barons du moyen âge et les pauvres artisans, le noble croisé avec sa redoutable épée et l'humble pèlerin n'ayant pour toutes armes que le bâton du voyage, son repentir et sa foi !

Voilà ce que dit l'histoire.

Mais ceux qui ne vont point à Jérusalem avec le bourdon de pèlerin et qui n'en reviennent pas Chevaliers de l'Ordre du Saint-Sépulcre, ceux-là comptent néanmoins avec l'histoire et avec les croyances de l'univers. Ils savent que le présent a sa racine dans le passé, qu'après tout nos lois et nos *mœurs sont chrétiennes, et même le cœur de l'homme n'est pas aussi fermé qu'on le suppose d'ordinaire aux sentiments qui animaient les vieux libérateurs du Tombeau de JÉSUS-CHRIST.*

Artistes, poètes et curieux en quête d'impressions, de perspectives et de nouveauté demandent aux grands spectacles de la nature, aux chauds horizons de l'Orient, à des ruines accumulées par les siècles, des images pour leur parole, des couleurs pour leur pinceau, des distractions et des aventures pour rompre la monotonie de leur existence ou satisfaire la mobilité capricieuse de leur imagination.

Autant il y a de motifs religieux et profanes qui portent à visiter le vieil Orient, autant il existe d'ouvrages célèbres qui l'ont minutieusement expliqué et qui déconseilleraient d'en placer encore le tableau sous les yeux du public, s'il n'y avait d'ailleurs, entre le bref et sec itinéraire et la causerie aimable et brillante, entre les récits pleins d'érudition et les descriptions pleines de fantaisie, une telle latitude et un milieu si élastique qu'un chacun pût aisément nourrir l'espoir d'y trouver une place pour ses impressions de voyage.

Les notes exactes et variées que nous offrons ici au public ont pour objet de présenter un tableau précis de Jérusalem et du Saint-Sépulcre.

Ce livre se produit après beaucoup d'autres dont sans doute il n'a pas les qualités et dont peut-être il a les défauts. Mais le lecteur voudra bien s'encourager par l'exemple de Bernardin de Saint-Pierre, feuilletant avec intérêt les plus humbles relations de voyage, et il ne refusera pas de ressembler à Pline déclarant n'avoir jamais fait de lecture qui ne lui eût appris quelque chose.

JÉRUSALEM
ET LE SAINT SÉPULCRE.

CHAPITRE PREMIER.

JÉRUSALEM. — Réflexions. — Aspect de la cité sainte. — Collines environnantes. — Principales portes de la ville. — Monographie de Jérusalem. — Joie et désolation.

JÉRUSALEM ! Jérusalem ! Ce nom dit tant de choses... Il rappelle tant de vertus et tant de crimes, tant de fidélité et tant d'apostasies, que le cœur et la langue du chrétien hésitent, ne sachant s'il faut l'appeler la *cité du grand Roi* ou la *cité sacrilège* [1].

Autrefois, elle était la cité splendide et bénie par excellence quand elle avait le temple de son Dieu, le palais de ses rois et la grande voix de ses prophètes. Autrefois, elle était le centre prédestiné vers lequel affluaient d'innombrables multitudes, quand elle étalait aux yeux des fidèles la magnificence de ses solennités. C'est le regard

---

1. Matth. v, 35.

tourné vers son temple que les enfants de
Dieu voulaient quitter la terre et s'en aller
rejoindre leurs pères dans le paisible sommeil de la mort.

Mais aujourd'hui, hélas ! comme elle est
descendue ! comme la trace de ses malheurs
passés est profondément empreinte sur son
visage ! L'or a perdu son éclat et la fille de
Sion toutes ses grâces. Elle ressemble à une
pauvre veuve qui pleure son époux, ou
plutôt, c'est une grande pécheresse qui subit
le châtiment de son irrémissible sacrilège,
écrasée sous le poids de la malédiction du ciel.

C'est partout le spectacle de la désolation
vivante ; et le pèlerin qui irait s'asseoir sur
la vieille tour de David et qui lirait les
éloquentes lamentations de Jérémie, y recon-
naîtrait la peinture du désastre dans lequel
est plongée Jérusalem.

Un autre conquérant, plus farouche et
plus impitoyable que Nabuchodonosor, a
passé sur la ville et y a laissé les traces
d'une ruine morale mille fois plus terrible
que celle qui arrachait au prophète les sublimes accents de sa douleur. « O épée
du Seigneur, ne te reposeras-tu jamais ?
Rentre en ton fourreau, refroidis-toi et
tais-toi [1]. » Mais l'épée du Seigneur n'en-

---

1. O mucro Domini, usquequo non quiesces ? Ingredere
in vaginam tuam, refrigerare et sile ! (*Jérémie* XLVII, v, 6).

tend pas les prières du prophète ; elle reste toujours levée et flamboyante ; elle chasse de Jérusalem les vrais fidèles, comme le glaive de l'ange chassait du paradis terrestre nos premiers parents après leur lamentable chute. Jérusalem est entre les mains des fils de Mahomet, et les disciples de JÉSUS ne sont que des étrangers dans cette ville que sa mort leur avait conquise ; néanmoins on aime Jérusalem encore, on la respecte et on la trouve belle, parce qu'elle porte l'empreinte sacrée et ineffaçable des travaux et du sang du divin Rédempteur.

De toutes les capitales du monde antique, Jérusalem est la seule qu'on trouve bâtie au milieu des montagnes et cette situation révèle sa destinée [1]. Les autres cités ont été fondées sur le bord des fleuves, dans les plaines fertiles, ou sur le rivage de la mer : Damas, mollement assise au pied du Liban, arrosée de canaux qui la sillonnent ; Constantinople, Tyr, Alexandrie, baignées par les eaux de la Méditerranée ; Sparte, sur l'Eurotas ; Rome, sur le Tibre, sans parler de nos capitales modernes, Paris, Londres, Vienne. Jérusalem seule, comme l'aire d'une famille d'aigles, est au centre des montagnes de la Judée [2].

---

1. Fundamenta ejus in montibus sanctis.
2. Il est écrit dans l'Évangile que JÉSUS ayant quitté Jérusalem, *monta à Jérusalem : Ascendens Jerosolymam.*

Séparée du monde par les défilés et les montagnes qui l'entourent, sans mer, sans fleuves, sans voies commodes d'accession, elle n'était pas faite pour le trafic, ni pour la conquête.

Son rôle providentiel était de conserver les traditions religieuses, héritage sacré de l'avenir. D'autres cités de l'antiquité eurent des destinées plus éclatantes; Rome fut conquérante, Athènes cultiva les lettres et les arts, Alexandrie devint l'entrepôt du monde. Jérusalem fut la ville sainte, la cité de Dieu, la gardienne des divins arcanes qui devaient, au temps marqué, éclater sur le monde en flots de lumière. Son nom était prophétique, comme sa destinée. Jérusalem signifie *vision de la paix*. Elle prophétisait cette divine paix que JÉSUS-CHRIST devait établir entre le ciel et la terre par le sacrifice rédempteur.

Jérusalem n'était pas la paix, car jamais ville ne fut plus douloureusement tourmentée, plus cruellement meurtrie.

Mais, malgré ses crimes et les horreurs

Cette expression est matériellement d'une exactitude parfaite. On franchit dans ce trajet une suite de redans, étagés les uns au-dessus des autres, et qui viennent se ramifier à la chaîne des oliviers. Placée au centre des montagnes, Jérusalem occupe l'un des points les plus élevés de la Palestine : de là, cette expression fréquente dans l'Écriture : *Ascendere Jerosolymam*, monter à Jérusalem.

de son histoire, Jérusalem est populaire dans le monde, et vénérée comme la patrie du christianisme. Son nom est même associé aux joies éternelles des élus. La cité céleste est appelée Jérusalem par l'Écriture : « Et moi Jean, je vis la sainte cité, la nouvelle Jérusalem, qui descendait du ciel, d'auprès de Dieu, ornée comme une épouse qui s'est parée pour son époux.

» Et j'entendis une grande voix qui venait du ciel et qui disait : Voici le tabernacle de Dieu avec les hommes, il habitera avec eux, ils seront son peuple, et Dieu sera lui-même leur Dieu, et il sera avec eux.

» Et Dieu essuiera toute larme de leurs yeux, et la mort ne sera plus ; il n'y aura plus deuil, ni cri, ni travail, ni mort : car ce qui était auparavant sera passé. »

Jérusalem, c'est l'Église, c'est l'âme unie à Dieu, c'est le paradis. Ce nom est mêlé à toutes les saintes choses de la terre et du ciel ; et c'est là ce qui le transfigure, l'immortalise et le fait bénir à jamais.

Jérusalem est assise sur un vaste plateau, incliné vers l'Orient, et ondulé de collines, dont les principales sont Moriah, Sion, Acra et le Calvaire. Ce dernier mont, qui jadis était hors de la ville, se trouve maintenant compris dans son enceinte.

Autour de la ville pas un champ cultivé, pas un jardin, pas un arbre : le désert partout. Jérusalem s'isole dans une solitude éclatante. Rien ne distrait le regard de ses contemplations ; rien ne détourne l'âme de ses souvenirs. De hautes murailles crénelées, flanquées de tours massives et carrées, délimitent nettement l'enceinte de la ville et découpent leur silhouette aux vives arêtes sur le fond tranché et cru d'un azur implacable que déchire la flèche aiguë des minarets.

Quelque symbole que l'on récite et quelque foi que l'on proclame, tous ne reconnaissent-ils pas que ces murs ont vu s'accomplir la plus grande des choses divines et humaines ; que l'histoire de cette ville est l'histoire du ciel et de la terre, et que, du haut de ce Golgotha, dominant Jérusalem, Jésus-Christ laissa tomber, avec le sang et l'eau de son côté, les semences de cette moisson d'amour et de charité, mûrie sous le feu des persécutions, qui nourrit encore le monde ?

La Jérusalem actuelle est entourée de murs. On y entre par sept portes, dont les principales sont : la porte de Jaffa, au sud-ouest, et celle de Sion au sud de la ville ; la porte Saint-Étienne, au levant, en face de la vallée de Josaphat et du mont des oliviers, et la porte de Damas au nord. Cette dernière est la plus remarquable de toutes ; elle a quelque chose de riche, de grandiose et de monumental [1].

Indépendamment des principales collines ci-dessus indiquées, plusieurs autres collines entourent Jérusalem et la dominent.

Les plus renommées sont : le mont du *mauvais conseil* au sud, sur lequel se trouvait la maison du grand-prêtre Caïphe, et où les Pharisiens et les princes des prêtres se réunissaient pour comploter contre JÉSUS ; au nord-ouest, le mont Gibon ; au sud-est, le mont du Scandale, *Mons offensionis* [2] ; au nord-est, le mont appelé mont des Galiléens, où se tenaient, dit-on, les disciples de JÉSUS lorsqu'il monta au ciel ; et enfin, à l'orient de la ville, entre le mont des Galiléens et celui du Scandale, le célèbre mont des Oliviers, du haut duquel Notre-Seigneur fit son Ascension glorieuse. Ces trois dernières collines sont trois pics voisins d'une même chaîne.

Jérusalem est bornée au levant et au midi par deux profondes vallées qui se réunissent

---

1. Autrefois les *Francs* — nom générique des Européens — ne pouvaient entrer à cheval à Jérusalem ; ils étaient obligés de mettre pied à terre aux portes de la ville. Notre influence reconquise et les mœurs adoucies nous affranchissent de cette honte.

2. 3 Reg. XI, 7... XXIII, 13.

au sud-est, un peu au-delà de la piscine de Siloé. La première est la vallée de Josaphat dont j'aurai occasion de parler, et la seconde s'appelle vallée de Geben-Hinnon. Le mont des Oliviers domine la vallée de Josaphat, et le mont du *mauvais conseil* celle de Geben-Hinnon.

Telle est Jérusalem. On ne saurait ni la contempler, ni parcourir son histoire, sans éprouver les sentiments et sans prononcer les paroles de joie et de désolation que les prophètes et les écrivains ont eus dans le cœur et sur les lèvres.

Les prophètes, en effet, nous dépeignent Sion bâtie de sang, Jérusalem bâtie d'injustices ; ils se lamentent sur ce peuple dont la tête n'est plus qu'une plaie et le cœur qu'une défaillance ; ils pleurent la cité veuve de ses enfants, abattue, ravagée, inconsolable. Voyez-la : « Ses chemins sont en deuil ; ses sacrificateurs sanglotent ; ses princes marchent sans force devant l'orgueilleux vainqueur qui les pousse ; ses précepteurs n'ont plus rien à dire de la part de l'Éternel ; ses anciens sont dispersés ou gémissent dans les fers ; ses vierges baissent la tête, en se voilant de leur affliction ; ses petits enfants tombent morts au milieu des places publiques ou sur le sein flétri de leurs mères, en demandant du pain. »

Mais la scène change, et un autre tableau se déroule : les prophètes proclament d'avance les destinées spirituelles de l'humanité: tous les royaumes de la terre s'écoulent comme l'eau sous la main de Dieu, pour laisser la place au royaume immortel du CHRIST, l'Église enfin flottant comme une arche de salut sur l'océan des âges est portée, à travers les révolutions, par le souffle du Tout-Puissant vers ce pays de lumière et d'amour indéfectible qui se nomme l'éternité. « Jérusalem alors se revêt d'un gracieux éclat, la paix habite ses murailles, les rois viennent lui rendre hommage et les peuples implorer ses bienfaits. La vérité sort de sa bouche comme le doux épanchement d'une source sacrée, et, semblable à une vierge dans tout le charme de sa beauté, Sion attend la fin de ce jour qui est la vie terrestre, pour célébrer avec Dieu la fête de ces célestes noces dont rien ne peut désormais attrister ni mesurer les joies. »

CHAPITRE DEUXIÈME.

Physionomie de Jérusalem. — Inté-
rieur de la ville. — Population. —
Destinée de Jérusalem.—Réflexions.

APERÇUE de loin, derrière ses murailles féodales, les tours aux flancs,
les crénaux au front, couronnée de ses
mosquées et de ses minarets, avec le pa-
nache ondoyant des palmiers, Jérusalem fait
encore illusion ; on se laisse prendre à cette
belle et noble apparence : la vieille reine
farde sa paleur et dissimule ses rides.

Jérusalem ! Jérusalem la sainte ! Jérusalem la maudite ! Elle est assise loin du
monde des vivants, dans sa tristesse infinie (1). Elle est blanche comme les vieillards, muette comme les morts, immobile
comme l'éternité.

Quand on approche, on ne voit que trop
les ravages du temps et des hommes : la
main implacable et les mains violentes.

A l'intérieur, Jérusalem n'est guère plus
propre que les autres villes de la Syrie.
C'est un dédale de rues sales et obscures,

---

1. *Sedet sola civitas.*

étroites et tortueuses, quelquefois voûtées, interrompues même, se traînant entre des décombres ou des masures hideuses. Plusieurs sont désertes, et celles-là plaisent davantage, parce qu'elles sont en harmonie avec les tristesses de Sion : *Viæ Sion lugent*.

Quelle suite inouïe de revers et de prospérité, dans laquelle Dieu fut toujours trouvé fidèle à ses promesses et à ses menaces !

Où donc est le temps où le prophète s'écriait : « Je me suis réjoui lorsqu'on m'a dit : Nous irons dans la maison du Seigneur. Déjà mes pieds se sont arrêtés dans tes parvis, ô Jérusalem ! »

Les maisons, à part quelques rares exceptions, sont de pauvre apparence et mal bâties. Elles sont basses, carrées, surmontées d'une terrasse qui les écrase et leur donne un air de sépulcre massif. Peu de fenêtres ouvrent sur la voie publique, et encore sont-elles soigneusement grillées, comme au temps de la Bible, où l'Époux des cantiques regarde l'Épouse à travers les treillis. Les boutiques étalent la misère, et non pas le luxe, ni aucune des merveilles de l'industrie.

Les hôtels sont à peu près inconnus dans

la Palestine : l'hospitalité s'y donne. Les couvents de presque toutes les communions s'ouvrent généreusement pour les étrangers; on vous offre tout à l'arrivée, on ne vous demande rien au départ.

Dans cette Judée immobile, le pain qu'on mange aujourd'hui a la même forme qu'au temps de la dernière Pâque du CHRIST.

Il faut presque une heure et demie pour faire le tour de la ville, et quelques voyageurs, en le faisant, n'ont point dédaigné de prendre des mesures exactes et de compter leurs pas ; ils en accusent environ quatre mille cinq cents.

Cette étendue est occupée aujourd'hui par quinze ou dix-huit mille habitants. Lorsqu'Alexandre-le-Grand la visita, Jérusalem comptait cent cinquante mille âmes ; lorsqu'elle fut ruinée par Titus, elle avait dans ses murs six cent mille habitants, selon Tacite, et douze cent mille, selon Josèphe.

Il ne se fait pas de commerce à Jérusalem; les relations avec le dehors sont difficiles et les transports coûteux, parce qu'il n'y a ni chemins, ni canaux, ni sécurité ; là on ne peut semer et moissonner que le fusil à la main. Le paysan vit dans la détresse; l'Arabe est vagabond et déteste le travail ; enfin ce qu'il y a de certain, c'est que la misère se montre générale et persistante dans Jérusalem.

Le cité sainte est le rendez-vous quotidien des chrétiens de tous les rites et de toutes les communions ; ce qui lui donne, à certaines époques de l'année, une physionomie assez animée. Les grecs schismatiques et les Russes y viennent en grand nombre, et ils y séjournent pendant trois ou quatre mois. Cet empressement autour du Tombeau de Notre-Seigneur de tant d'hommes séparés par des préjugés et des jalousies presque incurables, est une preuve de plus de l'irrésistible ascendant de JÉSUS-CHRIST et de sa puissance sur les âmes.

Sur les dix-huit mille habitants de Jérusalem, on compte environ trois mille quatre cents chrétiens, dont mille cinq cents catholiques, ensuite cinq mille musulmans et plus de sept mille juifs. Ils occupent des quartiens séparés : celui des chrétiens environne le saint Sépulcre ; celui des musulmans est principalement sur le mont Moriah et la colline d'Acra, et il comprend la mosquée d'Omar et la voie douloureuse; les Juifs occupent avec les Arméniens le mont Sion. Presque tous les Juifs de la Palestine sont à Jérusalem ; ce ne sont pas des familles qui se perpétuent, mais des hommes qui se remplacent et qui viennent demander à la mort une patrie que, vivants, ils n'ont pu conquérir.

On voit par là que les habitants ne sauraient avoir entre eux des rapports fréquents et intimes. D'ailleurs, les mahométans chôment le vendredi, les juifs le samedi, et les chrétiens le dimanche.

Qui n'admirerait ici la prédestination de cette ville célèbre ? Depuis qu'elle a été fondée, son histoire est pleine d'intérêt et de grandeur. Cette histoire de Jérusalem a deux époques bien marquées, et toutes les deux se traduisent par un mot emprunté à la langue religieuse: la première s'appelle *le Temple*, la seconde *le Tombeau*. Et dans ces deux périodes, elle a eu, comme Rome, le privilège d'attirer à elle les regards de tous les siècles et les convoitises de tous les conquérants.

Quoi qu'il en soit de Jérusalem, « c'est la cité des cités [1], la sainte des saintes, la maîtresse des nations, la reine des provinces, appelée, par une prérogative spéciale, la cité du grand Roi; située comme au centre du monde, au milieu de la terre, afin que tous les peuples pussent affluer vers elle, possession des patriarches, nourrice des prophètes, institutrice des apôtres, berceau

1. *Histoire de Jérusalem*, par le cardinal Jacques de Vitry.

de notre salut ; patrie du Seigneur, mère de
la foi, comme Rome est la mère des fidèles,
élue à l'avance et divinement sanctifiée.
Dieu la toucha de ses pieds, elle fut honorée
par les anges et fréquemment visitée par
toutes les nations qui sont sous le ciel. »

Un poète, espagnol de naissance et juif
de religion [1], qui mourut à peu près quand
Jacques de Vitry vint au monde, s'écrie de
son côté : « O Sion ! quand je pleure ta
chute, c'est le cri lugubre du chacal ; mais
quand je rêve le retour de la captivité, ce
sont les accents de la harpe qui jadis accom-
pagnait tes chants divins. Pourquoi mon
âme ne peut-elle pleurer sur les lieux où la
divinité se révélait à tes prophètes ? Donne-
moi des ailes et je porterai sur tes ruines
les débris de mon cœur ; j'embrasserai tes
pierres muettes, et mon front touchera ta
sainte poussière. Qu'il me serait doux de
marcher nu-pieds sur les ruines de ton sanctuaire, à l'endroit où la terre s'ouvrit pour
recevoir dans son sein l'arche d'alliance et
ses chérubins ! J'arracherais de ma tête cette
vaine parure, et je maudirais les destins qui
ont jeté tes pieux adorateurs sur une terre
profane. Comment pourrais-je m'abandonner aux jouissances de cette vie, quand je
vois des chiens entraîner tes lionceaux ! Mes

---

1. *Univers pittoresque : Palestine*, par Judas Hallévi.

yeux fuient la lumière du jour qui me fait
voir des corbeaux enlevant dans les airs les
cadavres de tes aigles. Arrête-toi, coupe de
souffrance ! laisse-moi un seul moment de
repos ; car déjà toutes mes veines sont rem-
plies de tes amertumes. Encore un moment
que je pense à Ohola (Samarie), et puis
j'achèverai ton amer breuvage ; encore un
court souvenir d'Oholiba (Jérusalem), et puis
je viderai jusqu'à la lie. »

CHAPITRE TROISIÈME.

Commencement de Jérusalem. — Son antiquité. — Les Jébuséens. — Le mont Sion. —David et Salomon. — Le Temple.—Dédicace.—La Reine de Saba. — Vicissitudes ae la ville sainte. — Pillage et incendie par Titus. — Médailles.

SI, voulant reconstruire dans notre pensée la Jérusalem d'autrefois, nous en demandions quelque vestige à la Jérusalem de nos jours ; si, la contemplant telle que l'ont laissée les conquérants qui ont passé sur elle, telle surtout que l'ont faite l'aveuglement et l'infidélité du peuple juif et la colère de Dieu, nous y cherchions quelque témoignage de cette antique magnificence qui en avait fait une de premières villes de l'Asie, nous n'y trouverions rien : nulle ruine auguste, nul de ces débris gigantesques qui, en attestant la destruction, attestent aussi la grandeur ; rien que de minarets, des coupoles, des caravansérails, de sombres maisons, des rues tortueuses, une ville et une campagne mortes et silencieuses ; car autour du tombeau du CHRIST il fallait un grand deuil, une solitude immense.

2

Donc ce n'est pas au présent qu'il nous faut demander l'ancienne Jérusalem ; c'est aux siècles qui ne sont plus, aux patriarches de l'Église, aux saintes Écritures, qui elles du moins ont conservé intacts tous les trésors de la belle Judée, son temple aux mille colonnes, ses palais aux lambris étincelants, ses hautes murailles aux galeries souterraines, ses quatre enceintes réunies, avec leurs murs, leurs tours et leurs portes ; la pompe de ses sacrifices, les masses de ses guerriers, les richesses de son peuple, la fécondité de ses plaines, les lis de ses montagnes et les roses de ses vallées.

L'histoire ne fournit guère de renseignements positifs sur l'origine et la fondation de Jérusalem.

La Jérusalem de l'histoire commence avec David. C'est lui qui donna son importance à la ville ; et ce n'est pas sans raison, qu'aujourd'hui encore on l'appelle la Cité de David.

La Jérusalem de David et du CHRIST est-elle la *Salem* antique où régnait Melchisédech, prince et prêtre, qui vint saluer et bénir Abraham au retour de son expédition contre les rois de la Pentapole ? C'est un problème que la critique n'a point encore résolu : les traditions ont placé l'Eden dans la Palestine, le sépulcre d'Adam sur le Cal-

vaire, auprès de la vallée de Josaphat.
D'après ce sentiment, Jérusalem serait le
théâtre privilégié de toutes les grandes
scènes de la religion « parce que cette ville
était située au *vray centre du monde* [1]. »

Quoi qu'il en soit, nous voyons qu'à l'époque où Josué envahit la Terre Promise, il y
avait un roi de Jérusalem, et la ville était
occupée par les Jébuséens. Le roi se nommait Adouibések. Josué s'étant emparé de
la ville basse de Jérusalem, il la donna à la
tribu de Benjamin. Les Jébuséens demeu-
rèrent les maîtres de la ville haute ou de la
citadelle de Jébus. Après la mort de Josué,
la tribu de Juda s'empara de Jérusalem et s'y
établit à côté de ceux de Benjamin. Ce ne
fut que sous le règne de David et vingt-
quatre ans après leur entrée dans la cité de
Melchisédech, que les Jébuséens furent chassés de leur forteresse. David choisit Jérusalem pour capitale de son royaume, suivant
l'ordre de Dieu qui voulait que cette ville fût
sa demeure ; il agrandit la ville et recula ses
murailles qui alors entourèrent les trois collines d'Acra, de Sion et de Moriah. C'est
sur le mont Sion que David bâtit son
palais.

Le mont Sion remplit harmonieusement
le monde. Il est le haut lieu de la prière,

---

1. Jacques de Vitry, *Histoire de Jérusalem*, liv. III.

de la poésie sacrée et des visions prophétiques, l'image du ciel. Il fut le séjour de l'Arche d'alliance ; et le Roi-Prophète nous montre les bénédictions divines descendant de cette montagne sur le peuple d'Israël.

« Que le Seigneur vous bénisse de Sion, lui qui a fait le ciel et la terre. »

On est ému en voyant les origines des grandes choses, et à ce titre, la montagne de Sion prend le plus haut intérêt. Elle a entendu les plus beaux accents de la langue humaine ; la prière universelle est partie de là, résonnante sur la harpe de David, et éclose de ses enthousiasmes divins. Le Psautier est le poème sacré de la prière. Tout y est : amertume du repentir, ivresse de la charité, effusions du cœur, beauté morale de la vertu, magnificence de la création, visions béatifiques du ciel. La harpe du Roi-Prophète a chanté pour l'univers ; elle en interprète les besoins, les vœux, la reconnaissance, les élévations, c'est un sublime *sursum corda !*

Sous la main de David, Jérusalem devint belle entre toutes les villes ; il acheva l'œuvre de la conquête, assit la nation dans la paix d'une possession incontestée, et ramena dans la ville l'Arche sainte, exilée depuis cent cinquante ans, sous la garde des lévites, dans une obscure bourgade de la tribu de Juda.

Ce qu'il avait conquis par les armes, David s'occupa de le maintenir par la sagesse, en faisant passer l'esprit des institutions nationales dans les règlements appliqués à toutes les branches du service public. Après avoir assuré le plus efficacement qu'il put l'administration de la justice, il voulut surtout augmenter la pompe des fêtes religieuses ; afin qu'un personnel plus nombreux y apportât un zèle plus libre et plus actif, il avança de cinq ans l'âge requis pour les fonctions lévitiques et le ramena de vingt-cinq à vingt ans. Il distribua les lévites en sections qui se partageaient la garde de la Maison de Dieu et les cérémonies du culte [1].

Plus grand peut-être par son successeur que par lui-même, David prépara le règne brillant de Salomon ; il fut pour son fils ce que fut, chez nous, Pépin pour Charlemagne, ce magnifique Salomon de l'Occident.

Depuis la sortie d'Égypte, les Juifs avaient toujours la pensée et le désir d'élever un temple à Jéhovah, qui n'avait eu jusque-

---

1. Six mille lévites présidaient aux tribunaux, comme magistrats; vingt-quatre mille étaient chargés du soin des sacrifices et d'entretenir la propreté et l'éclat du temple ; quatre mille veillaient aux portes et sur les chambres du trésor ; enfin quatre mille chantaient alternativement les louanges du Très-Haut.

là que des tentes flottantes et des tabernacles errants.

David rassembla tous les trésors de l'Orient : il amassa l'or et l'argent, le fer et l'airain, le bois précieux et les marbres rares; il entassa auprès du mont Sion les dépouilles opimes de l'Idumée, de la Phénicie, de la Syrie, de Moab et d'Ammon; mais, parce qu'il avait versé trop de sang, Dieu ne lui permit pas d'élever son temple : le sacrifice que Dieu aime, c'est avant tout le sacrifice de mains pures.

Salomon recueillit dans la paix tous les fruits de la conquête. Diplomate plus que guerrier, où son père avait combattu il négocia. Ses vaisseaux visitèrent l'Égypte, nourrice du vieux monde, les côtes de l'Asie Mineure et les îles de l'archipel Grec : ses longues caravanes couraient des bords de l'Euphrate aux rivages de la mer Rouge ; il tendait une main à l'Arabie et l'autre aux Indes ; il bâtissait Palmyre comme un vaste entrepôt de Babylone à Jérusalem, et amenait dans les comptoirs d'Asiongaber les trésors du monde oriental. Il continua donc l'œuvre de son père et éleva ce premier temple dont l'Écriture et l'historien Josèphe racontent les merveilles et pour lequel Salomon écrivait, sous le souffle de l'inspiration, des poésies qui reflètent toutes les splendeurs orientales, et répandait au loin l'éclat de sa sagesse qui attirait à Jérusalem la Reine de Saba.

« La sagesse de Salomon surpassait la sagesse des Orientaux et celle des Égyptiens.

» Et sa réputation se répandit parmi toutes les nations de la terre.

» Il prononça trois mille paraboles et fit mille et cinq cantiques.

» Il a aussi parlé de tous les arbres, depuis le cèdre du Liban jusqu'à l'hysope qui sort de la muraille ; il a parlé des animaux, des reptiles et des poissons.

» Il venait des gens de tous les pays, pour entendre la sagesse de Salomon ; il en venait de la part de tous les rois de la terre, qui avaient entendu parler de sa sagesse. »

« Hiram, fidèle ami de David, ne se contenta pas de lui envoyer les cèdres incorruptibles du Liban, il y joignit les ouvriers sidoniens les plus habiles à tailler le bois, à ciseler la pierre, à polir le métal. Les chiffres seuls peuvent donner une juste idée de l'activité qui régnait parmi les ouvriers. Soixante-dix mille étrangers portaient des fardeaux, quatre-vingt mille façonnaient les matières brutes d'après le plan de l'architecte, et leur travail fut tellement précis que, dans la construction du Temple, on n'entendit pas un coup de marteau ou le grincement d'une scie.

» Le Temple fut commencé la quatrième année du règne de Salomon : il devait former comme une ville sur le mont Moriah. Le marbre et le porphyre ne furent pas trop précieux pour ses fondements. *(Josèphe.)* »

On environna le Temple d'une triple enceinte : la première était réservée aux gentils ou étrangers, la seconde aux Israélites, la troisième aux lévites et aux prêtres. Le Temple lui-même s'élevait au milieu de la dernière enceinte et renfermait l'Arche d'alliance ; ses lambris de cèdre étaient recouverts de lames d'or ; on avait sculpté et moulé des figures sur toutes ses murailles ; les mosaïques étincelaient sur les pavés éblouissants.

Le Temple fut achevé en sept années, et Salomon résolut d'en faire la dédicace avec une magnificence qui étonnât le monde. Ce fut une fête nationale.

D'un bout du royaume à l'autre, de Dan au fleuve d'Égypte, la foule accourut à cette solennité ; les anciens d'Israël, les chefs des tribus, les princes des familles s'y rendirent avec empressement. L'Arche fut transportée de la citadelle de Sion dans le Sanctuaire du Temple. Le roi, suivi de sa cour

et des anciens, ouvrait la marche : les lévites, répartis en trois chœurs, chantaient des
hymnes à l'Éternel, aux accents mille fois
répétés des cymbales, des cithares et des
trompettes. Puis venait l'Arche, portée par
des prêtres. Ce fut un spectacle émouvant
de la voir entrer dans l'asile qui lui était
préparé et qui se remplit alors d'une nuée
lumineuse. Salomon fit éclater les signes de
la religion la plus vraie et la plus élevée ; il
prononça une prière touchante où la majesté
de Dieu, le néant de l'homme et le gouvernement de la Providence sont dépeints en
traits vifs et profonds. A peine avait-il
achevé qu'une flamme descendit du ciel,
dévora la victime offerte et inonda le temple
comme d'un reflet de la gloire du Tout-
Puissant. Les Israélites tombèrent la face
contre terre et les hymnes sacrés renten-
tirent [1].

Ainsi fut bâti et dédié par Salomon, ce
temple que l'antiquité comptait au nombre
de ses merveilles.

Après avoir élevé un monument à l'Éternel, Salomon voulut se bâtir un palais magni-

---

1. Depuis ce jour il est d'usage dans la liturgie hébraïque
de ne prononcer qu'une fois l'an, dans la Synagogue, le
nom de Jéhovah ; et à l'instant même où il sort de la
bouche du rabbin, le bruit des instruments et des voix,
déchaîné comme une tempête, empêche que ces syllabes
redoutées n'arrivent jusqu'aux oreilles des assistants.

fique. Nous n'en redirons point ici les splendeurs : elles brillent encore dans les souvenirs de l'Orient ; ni le temps, ni le malheur n'a pu les éteindre. Le trône de Salomon, par lequel les Hébreux ont longtemps juré pour rendre leurs serments plus solennels, était d'ivoire, enrichi d'or ; deux lions d'or soutenaient le siège qui dominait une estrade de six marches recouvertes de lames d'or.

Le bruit de ces grandes choses avait parcouru les régions de l'Orient. La Reine de Saba ne résista point au désir de visiter un si grand monarque, dont tous les rois de la terre eussent voulu connaître par eux-mêmes les éminentes qualités et expérimenter la sagesse. Elle se rendit donc à Jérusalem, suivie d'un nombreux et brillant cortège et munie des plus riches présents. Puis, lorsqu'elle fut en présence de Salomon, elle dit :

« Ce qu'on avait publié dans mon royaume touchant vos discours et votre sagesse est bien vrai. J'ai vu de mes yeux, et j'ai constaté qu'on ne m'avait dit qu'une moitié de la vérité ; votre sagesse et vos actes dépassent la renommée. Heureux ceux qui sont à vous ! Heureux vos serviteurs, qui jouissent de votre présence et entendent vos paroles : Gloire au Seigneur votre Dieu, qui a mis en vous son affection et vous a fait asseoir sur le trône d'Israël [1] ! »

Il n'y a point de solstice dans la prospérité des nations : leur soleil ne reste jamais immobile au zénith du ciel ; il monte ou il descend. Le déclin commença du vivant même de Salomon, et aujourd'hui de toutes les œuvres de ses mains il ne reste plus qu'une citerne vide !

A dater de cette époque, l'histoire de Jérusalem se confond tellement avec l'histoire du peuple sacré, que ce n'est pour ainsi dire qu'une même chose. Forcés à nous renfermer dans des bornes étroites, nous n'indiquerons que les points principaux de cette grande et douloureuse histoire.

Cinq ans après la mort de Salomon, Sésac, roi d'Égypte, attaqua Roboam, prit et pilla Jérusalem. Elle fut encore saccagée cent cinquante ans après par Joas, roi d'Israël ; envahie de nouveau par les Assyriens, Manassé, roi de Juda, fut emmené captif à Babylone. Enfin sous le règne de Sédécias, Nabuchodonosor renversa Jérusalem de fond en comble, brûla le temple et emmena les Juifs à Babylone.

Après les soixante-dix ans de captivité, Zorobabel commença à rebâtir le temple et la

---

1. *Livre des Rois*, III, ch. X.

ville ; ce temple, qui n'était qu'une ombre de l'autre, ne fut relevé qu'au bout de vingt ans ; la ville en mit quatre-vingts à sortir de ses ruines.

Il y a des ruines que l'on relève plus difficilement encore : ce sont les ruines de l'âme, de la moralité détruite et de la probité méconnue. Les Juifs perdirent jusqu'à leur langue ! l'hébreu, chez les Hébreux mêmes, ne fut plus qu'une langue savante : Daniel prophétise en Syriaque pour être compris des siens; les lettres du Pentateuque sont inconnues des enfants qui n'épellent plus que l'alphabet chaldéen. Il y eut encore cependant comme une paix de Dieu : la prospérité sembla renaître, et chacun comme aux anciens jours, *put se reposer sous sa vigne et sous son figuier :* Dieu ne pouvait se détacher tout d'un coup du peuple qu'il avait tant aimé.

L'an du monde 3583, Alexandre-le-Grand passa à Jérusalem après la prise de Tyr, et offrit des sacrifices dans le temple. L'aspect de cette ville fléchit Alexandre : le génie grec connut toujours la clémence.

Tombée, à la mort de ce prince, au pouvoir des rois d'Égypte, elle souffrit longtemps des jalousies et des guerres des Ptolemées. Antiochus-le-Grand reprit la Judée sur les rois égyptiens, et embellit Jérusalem. Puis vint Antiochus Épiphane, qui saccagea de nouveau la ville et plaça dans le temple l'idole de Jupiter Olympien ; mais alors Dieu, pour venger cette profanation, suscita le Lion de Juda ; il eut du moins la gloire d'un réveil héroïque dans son trépas même, et les Machabées lui préparèrent de splendides funérailles.

Malheureusement Aristobule et Hircan, fils de Simon Machabée, se disputèrent la couronne. Ils eurent recours aux Romains, qui, par la mort de Mithridate, étaient devenus les maîtres de l'Orient. Pompée accourut à Jérusalem : introduit dans la ville, il assiégea et prit le Temple. Crassus ne tarda pas à piller ce monument auguste que Pompée vainqueur avait respecté.

Hircan, protégé de César, s'était maintenu dans la grande sacrificature. Antigone, fils d'Aristobule, que les Pompéiens avaient empoisonné, fit la guerre à son oncle Hircan et appela les Parthes à son secours. Les Parthes fondirent sur la Judée, entrèrent à Jérusalem et emmenèrent Hircan prisonnier ; mais cette victoire ne profita pas à Antigone. Hérode-le-Grand, fils d'Antipater, s'empara du royaume de Judée. Le sort des armes fit tomber Antigone entre les mains d'Hérode, qui l'envoya à Antoine. Le dernier descendant des Machabées, le roi légitime de Jérusalem fut attaché à un poteau, battu de verges et mis à mort par ordre d'un citoyen romain.

Alors Hérode demeura seul maître de Jérusalem ; il remplit la ville de palais et de jardins. Ce fut sous le règne de ce prince que JÉSUS-CHRIST vint au monde. Il naquit au milieu de ces malheurs, pleura sur Jérusalem, l'arrosa de ses larmes, de sa sueur et de son sang, et lui laissa l'ineffaçable malédiction de sa mort. Hérode Antipas, tétrarque de la Galilée et de la Pérée, fit trancher la tête à saint Jean-Baptiste et renvoya JÉSUS-CHRIST devant Pilate [1].

Après la mort d'Agrippa, dernier roi de Judée, ce pays fut réduit en province romaine.

La révolte des Juifs contre les Romains fut le signal de leur perte. On sait les horreurs du siège de Titus [2] et cet assaut, le plus terrible que l'histoire ait enregistré dans les annales sanglantes de la guerre.

« Le feu, le fer, la famine et la peste se conjuraient pour la ruine du peuple. En deux mois et demi plus de cent mille morts sortirent par une seule porte. L'incendie, le massacre et le pillage passèrent sur la

1. Hérode Antipas mourut à Lyon, où il avait été exilé par Caligula.

2. Titus appelé par quelques historiens *les délices du genre humain.*

ville, et Titus entra par la brèche dans Jérusalem, qui déjà n'était plus qu'un amas de ruines, et sur ces débris épars on passa la charrue. Titus ne réserva qu'une partie des murailles à l'Occident avec les tours Hippicos, Phasaël et Marianne, afin qu'on sût la place on s'était élevée Jérusalem [1].»

En souvenir de ce siège des médailles furent frappées ; un grand nombre sont venues jusqu'à nous. Elles représentent une femme assise au pied d'un Palmier, couverte d'un grand manteau, la tête penchée et appuyée sur la main avec cette inscription : *La Judée captive.*

Ici finit l'histoire de Jérusalem. La ville qui lui fut substituée et qui porte aujourd'hui son nom ne fut point bâtie sur ses ruines ; car il fallait que les prédictions du Messie fussent accomplies à la lettre, et que son sang versé sur un gibet infâme fut vengé comme il devait l'être !

Les Juifs furent dispersés à travers les nations. La Jérusalem sortie de ces ruines n'est plus la ville des Juifs : c'est la ville du monde chrétien.

Depuis ce moment, la véritable histoire de Jérusalem c'est l'histoire du Saint-Sépulcre.

1. Josèphe, *de la Guerre des Juifs.*

CHAPITRE QUATRIÈME.

L'Église du Saint-Sépulcre. — Les gardiens du Temple. — La redevance. — Ibrahim-Pacha. — La Pierre de l'Onction. — L'immortalité du Tombeau. — La chapelle de l'Ange. — Marie-Magdeleine. — Le Sépulcre. — Une nuit passée dans ce saint lieu.

LA première chose qui attire le pèlerin arrivant à Jérusalem, c'est l'église du Saint-Sépulcre. Cette église est comme un abrégé de la ville sainte. On y trouve réunis et comme rassemblés à dessein, les plus grands sanctuaires du christianisme: le Calvaire, le Saint-Sépulcre et l'Invention de la Sainte-Croix.

C'est donc là qu'on doit aller, et c'est là aussi que l'on va tout d'abord.

L'église du Saint-Sépulcre, qui n'a point été bâtie sur un plan uniforme, d'après une pensée architecturale mûre et raisonnée, ne présente point à l'œil ces grandes et nobles lignes que nous admirons dans les monuments religieux du Nord et de l'Occident.

Son double dôme est masqué de toutes

parts par des constructions bâtardes et parasites. Une de ses deux entrées a été murée par les Turcs, comme si on eût voulu ajouter un déshonneur à une mutilation.

Du premier regard, on voit que ce monument a été bâti, non pour présenter aux yeux une forme architectonique qui les ravisse, mais pour renfermer des lieux chers à la piété des chrétiens. On voit encore qu'il n'a pas gagné en élégance à être restauré par les Grecs, après l'incendie de 1808: on ne reconnaît guère, à ces lourdes masses, les petits fils de ceux qui ont animé les pierres du vieux Parthénon. En somme le monument, au dehors et au dedans, est fort irrégulier.

Mais qu'importe ! ce n'est point une admiration architecturale que l'on va cher-cher au Saint-Sépulcre, c'est un souvenir et une émotion. Ce souvenir, les pierres mêmes le rendent à votre âme; cette émotion, tout contribue à la faire naître : le nombre et la disposition des sanctuaires, le demi-jour mystérieux des voûtes, cette ornementation byzantine, dont le goût n'est pas toujours pur, mais étrange et saisissant pour nous, avec l'éclat chatoyant de ses étoffes soyeuses et tissées d'argent, le rayonnement de ses riches métaux et de ses pierreries étincelantes; ajoutez cette atmosphère ardente des lampes éternelles, cette vapeur d'encens, qui flotte comme un nuage entre le ciel et la terre, puis à l'intérieur cette foule nombreuse et diverse, assise, debout, accroupie, agenouillée, prosternée, suivant la liturgie de son culte.

L'église du Saint-Sépulcre est sanctifiée par une adoration éternelle. La prière y succède aux cantiques et la méditation à la prière ; mais la louange de Dieu n'y cesse jamais.

Les portes extérieures sont habituellement fermées. Ce sont les musulmans qui en ont la clef, mais ils les ouvrent à des heures règlementaires ou sur la demande d'un couvent chrétien. Ces gardiens du saint lieu sont là, assis près de la porte, sur des bancs de pierre, ou plutôt couchés nonchalamment sur des nattes, dans l'intérieur même de l'édifice, buvant, fumant et parlant pendant tout le jour. L'attitude de ces hommes est une injure sanglante à la foi et à la piété des vrais fidèles, et une cause de désolation pour leur cœur.

Autrefois l'entrée du Saint-Sépulcre n'était permise que moyennant une redevance plus ou moins forte, selon le temps. Les chrétiens eux-mêmes, pendant la courte période de leur domination, avaient maintenu cette taxe qui vexait le pèlerin, sans grossir de beaucoup le revenu du trésor.

Ibrahim-Pacha abolit le tribut par une de ces boutades qui lui étaient familières : Il avait pris Jérusalem, et il voulait visiter le Saint-Sépulcre.

— Seigneur, dit le Turc, en ôtant de sa bouche le tuyau de jasmin de son tchibouk, c'est un para ! Et il tendit la main au pacha...

Le pacha se retourne et ne trouve pas le moindre para dans sa poche.

S'adressant alors à quelqu'un de ses officiers :

— Et toi, dit-il, as-tu un para ?

— Non, Excellence...

— Eh bien ! dit le Turc, entre sans payer... pour cette fois Allah ne dira rien.

Ibrahim entra, puis se retournant vers les gardiens :

— Où j'ai passé, dit-il, tout le monde passera : où je n'ai pas payé, que personne ne paie : le tribut est aboli [1].

L'entrée est libre aujourd'hui.

L'église du Saint-Sépulcre est moins *une* église qu'une *réunion* d'églises. Sa forme générale est celle d'une croix romaine, avec une nef circulaire à l'ouest, un transept du nord au sud, et à l'est, une sorte de chœur terminé par une abside. A l'extrémité on

---

1. *Rome et Jérusalem* par le R. P. Marie-Éphrem.

a ajouté une aile, ainsi qu'à l'est et à l'ouest de chaque transept ; enfin, une autre aile courant autour de l'abside, avec des chapelles rayonnant à l'entour. La rotonde ne présente que des arches en plein-cintre ; la partie orientale est à ogives entremêlées de fenêtres rondes.

On entre dans l'église du Saint-Sépulcre par une des grandes portes placée au midi. Après avoir traversé une sorte de parvis, qui sert de divan aux geôliers turcs, on se trouve devant la pierre dite *Pierre de l'Onction,* sur laquelle fut embaumé par Nicodème et Joseph d'Arimathie, le corps inanimé de JÉSUS, avant d'être placé dans le Sépulcre [1]. Cette pierre a la longueur d'un corps humain. Elle s'élève un peu au-dessus du pavé de l'église et tient au massif du calcaire. Une large plaque de marbre la couvre pour la préserver des dégradations [2]. Dix lampes d'argent brûlent, nuit et jour, autour du monument. Tous les pèlerins se prosternent avec respect devant cette vénérable relique

Au milieu de la nef abritée par la grande

1. Le corps du Sauveur fut oint d'une composition de myrrhe et d'aloès, et enveloppé de linceuls avec des aromates selon la coutume des Juifs.

2. En 1555, le P. Boniface de Raguse, gardien du mont Sion fit couvrir la pierre de l'onction d'un beau marbre rouge qu'il échangea avec les PP. Jacobites pour un pluvial. Avant cette époque elle était recouverte d'une élégante mosaïque.

coupole, s'élève un monument de marbre
blanc et jaune, de forme carrée, haut de
dix-huit pieds, orné extérieurement de seize
pilastres avec galeries et corniches, sculp-
tures et colonnettes : c'est le tombeau de
JÉSUS-CHRIST. Cette chapelle, longue de
neuf mètres et large de cinq, fut d'abord un
sépulcre creusé dans le rocher vif. On a placé
devant l'entrée quatre magnifiques candé-
labres, et, au-dessus de la porte, quatorze
petites lampes en argent d'un travail
délicat [1].

N'est-ce pas une chose étrange et mira-
culeuse que la stabilité de ce tombeau défen-
du par des religieux et des prières, au milieu
des luttes belliqueuses, des haines et des
vicissitudes qui élèvent, brisent et empor-
tent des œuvres, en apparence si fortes et
si durables ? L'ancien monde s'est éteint,
le moyen âge a disparu ; les puissantes
monarchies de Charlemagne, de Charles-
Quint et de Napoléon ont succombé ; les
nations, les idées, les États, tout fait vite
son temps. Nos pères ont vu se dissoudre,
il y a soixante ans, la Ligue helvétique, le
grand Conseil de Venise, une des plus vieilles
choses de l'Europe, la république de Hol-
lande, l'empire d'Allemagne, l'aristocratie,

---

1. Le cardinal Antonelli a fait don à l'église du Saint-
Sépulcre d'un bas relief en argent massif reproduisant le
tableau de la Résurrection peint par Raphaël.

les parlements et les institutions quatorze fois séculaires de notre pays. Aujourd'hui même, de tout ce qui protège humainement les sociétés, que va-t-il rester debout? qu'y aura-t-il dans peu d'années? L'Europe ressemble à un arbre caduc dont les vents d'automne secouent les branches: tout tremble et tout tombe : dynasties pleines de jeunesse et de vigueur, ou s'appuyant sur le prestige des siècles, pondération des pouvoirs et équilibre des empires, ouvrages de l'épée ou de la ruse, systèmes créés par le génie et consacrés par la gloire, l'orage insulte toutes ces majestés, faites de main d'homme, et chasse devant lui toutes ces éternités d'un jour. Qu'elles ploient ou qu'elles résistent, il les déchire également et les disperse sous la violence de ses coups; seul, le faible tombeau du Sauveur résiste et survit.

Le Sépulcre est divisé intérieurement en deux petits sanctuaires: le premier, qui sert à l'autre comme de vestibule, se nomme la *chapelle de l'Ange* et est éclairé par plusieurs lampes.

Un bloc de marbre de près de quatre pieds de haut indique la place où s'était assis l'ange qui, à leur arrivée au tombeau, annonça aux Saintes Femmes, la résurrection du Sauveur.

Le lendemain du Sabbat, dit l'Évangile, Marie-Magdeleine, Marie, mère de Jacques, et Salomé, vinrent dès l'aurore à la grotte du Sépulcre, et chemin faisant, elles se disaient : « Qui nous détournera la pierre de l'entrée du monument ? » Et s'étant approchées, elles virent la pierre écartée. Elles se présentèrent à l'entrée du Sépulcre et furent effrayées à la vue d'un jeune homme couvert de vêtements d'une éclatante blancheur. — « Ne craignez rien, leur dit l'envoyé céleste : — Vous cherchez JÉSUS de Nazareth, le crucifié. Il est ressuscité : *surrexit Christus ;* il n'est plus ici. Voici le lieu où ils l'ont placé. — Allez dire aux disciples et à Pierre qu'il les précède en Galilée ; c'est là qu'ils le verront selon la promesse qu'il leur a faite. »

A l'heure où se passait cette scène évangélique, le soleil se levait sur le mont des Oliviers : *orto jam sole.* Il éclairait le Calvaire encore humide de sang, et le glorieux Sépulcre. Cette matinée dut être belle ! et la terre, nouvellement bénie, dut tressaillir d'une profonde joie. C'était le printemps de la nature et le printemps des choses divines, la première fête pascale du christianisme.

On pénètre de la chapelle de l'Ange, par une porte basse et étroite, dans le Sépulcre proprement dit. Cette porte est cintrée, mais prise dans le rocher et nullement revêtue de marbre. C'est le seul endroit où l'on puisse toucher la roche du Saint-Sépulcre.

Ce sanctuaire est presque carré, ayant, du levant au couchant, deux mètres sept centimètres de longueur, et du sud au nord, un mètre quatre-vingt dix-huit centimètres de largeur.

Cette chambre est ornée aux quatre angles de pilastres peu saillants. Les côtés sud et nord sont unis. Mais les côtés est et ouest sont partagés par un pilastre qui correspond au tombeau du Sauveur. A droite en entrant, sur la saillie large du rocher, on avait déposé le corps du CHRIST; ici encore la pierre a été revêtue de marbre blanc [1].

Ce revêtement a reçu, avec un instrument, une longue déchirure artificielle, destinée, dit-on, à gâter ce beau marbre et à lui ôter son prix, de peur qu'il ne tentât la cupidité des mahométans.

---

1. Cette tablette de marbre blanc fut placée par le P. Boniface, gardien du mont Sion, en 1555. Auparavant, le marbre qui recouvrait le saint tombeau avait trois trous par lesquels on pouvait voir le rocher; mais les pèlerins, dans leur zèle pour emporter quelques fragments du précieux sarcophage, faisaient entrer des instruments de fer par ces trous, afin d'en retirer quelques parcelles. Il fallut donc se résoudre à le couvrir entièrement. Le marbre du Saint-Sépulcre ne peut être levé qu'avec un firman spécial.

Aucune inscription, aucun bas-relief ne viennent orner l'enveloppe du saint tombeau, seulement un encadrement, composé de moulures assez délicates, entoure la tablette de marbre.

Ce qui constitue essentiellement le Saint-Sépulcre, c'est-à-dire le petit sanctuaire où se trouve le tombeau de Notre-Seigneur, est comme un lieu *neutre*, placé au centre de l'église, sous un dôme particulier, et les chrétiens de toutes les communions, excepté les *protestants*, ont le droit d'y célébrer leurs offices. Or, comme la communication *in divinis* avec les hérétiques et les schismatiques est défendue, on ne peut offrir le saint sacrifice simultanément avec eux ni sur le même autel. On a donc été obligé de fixer les heures auxquelles les catholiques peuvent occuper la chapelle [1]. Dans cette chapelle, il n'y a que le Sépulcre et non pas d'autel proprement dit; mais chaque communion célèbre la messe sur un autel portatif qu'on installe au-dessus du tombeau et qu'on retire quand on cède la place aux

---

1. Le pèlerin prêtre, qui veut célébrer les saints mystères sur le tombeau de Notre-Seigneur, doit se retirer la veille au soir chez les Pères Franciscains et se faire ainsi enfermer dans l'église. Sans cette précaution, il est à peu près impossible de réussir; car à sept heures et demie du matin les Latins doivent céder la place aux Grecs schismatiques, et avoir déjà chanté la grand'messe, qui dure environ une heure et qui se chante tous les jours.

autres; de cette manière on évite toute profanation.

L'église du Saint-Sépulcre appartient
aux chrétiens, mais non aux catholiques
exclusivement. Les Russes n'ont pas de
droit particulier à la chapelle du Tombeau;
mais comme leur liturgie est la même que
celle des Grecs, ils se réunissent à eux pour
les cérémonies.

Quarante-cinq lampes, en or, en vermeil
et en argent brûlent sans jamais s'éteindre
au milieu de cierges sans nombre, dans ce
tombeau devenu le plus grand sanctuaire du
monde chrétien. Là, sans cesse, s'exhale je
ne sais quelle odeur de parfum mystique qui
rappelle à l'âme la myrrhe, le cinnamone et
l'aloès de Joseph et de Nicodème.

Chaque rite veut être incessamment représenté aux pieds du Saint-Sépulcre ; chaque
couvent veut avoir des gardiens auprès de
ses sanctuaires ; mais la place est étroite et
les rangs sont pressés. Les communions ont
donc toutes des cloîtres qui communiquent
avec l'église, et par lesquels ont peut entrer
à chaque moment.

Je ne dois pas passer sous silence le magnifique chœur des Grecs, élevé devant le
monument du Saint-Sépulcre, à l'opposé de
la chapelle de Sainte-Hélène. Ce chœur est
orné de peintures, étincelant d'or et ressem-

ble à une petite église placée dans une grande. On y a tracé un cercle au milieu, et dans le centre de ce cercle un trou de figure ronde. Les Grecs prétendent que c'est là le vrai centre de la terre, et beaucoup de leurs fidèles le croient fermement.

A l'extrémité du Saint-Sépulcre, et adossée à la paroi extérieure du monument, s'élève, humble et petite, la chapelle des Cophtes et des Abyssins. Vis-à-vis de cette chapelle, les Syriens ont un modeste sanctuaire, placé entre deux des piliers qui soutiennent la coupole.

L'église du Saint-Sépulcre ayant été le témoin du plus grand événement historique, ce monument nous apparaît non seulement avec son côté philosophique et social, mais encore avec son côté exclusivement religieux et mystique.

Aussi vais-je traduire d'une manière bien incomplète et bien froide, quelques-unes des émotions du cœur chrétien pendant une nuit passée dans l'église du Saint-Sépulcre. Je ne peux ni tout exprimer ni tout dire; je veux seulement donner une idée de ce que l'on éprouve dans ce saint lieu.

Pour une âme simple, religieuse et aimante, une nuit passée au Saint-Sépulcre est une succession d'émotions fortes et vives qui l'agitent continuellement. Toutes les phases différentes du drame qui s'y est accompli passent devant elle, et chacune lui laisse l'empreinte de son supplice particulier.

On reste un moment dans la chapelle de l'Apparition, au pied du tabernacle où réside Jésus, notre vrai et éternel amour ; là, dans les épanchements d'une tendresse que rien ne trouble, on se fortifie en sa présence et on se prépare à le suivre dans les dernières circonstances de son supplice, dont l'Eucharistie est la véritable et mystique représentation. On va d'abord dans sa prison ; on s'enferme avec lui dans cette obscure grotte, et l'âme, vivement touchée de voir son bien-aimé défiguré et sanglant, lui prodigue les témoignages de la plus filiale affection. Jésus est là, attaché comme un criminel, les vêtements déchirés, le corps en lambeaux, la tête encore couronnée d'épines. Les gouttes de sang qui ont coulé sur son visage divin forment autour de son front une livide auréole. Plongé dans une indicible angoisse, abandonné de ses disciples, il éprouve déjà les atteintes de cet autre abandonnement mille fois plus profond et plus amer, qui lui fera jeter dans quelques heures ce cri déchirant : *Mon Dieu, mon Dieu, pourquoi m'avez-vous délaissé* [1] ? Ses amis se tai-

---

1. Matthieu, XXVII, 46.

sent, ses apôtres fuient, ceux qu'il a guéris
et purifiés, et dont il a béni les enfants, le
méconnaissent, la justice éternelle foudroie
en lui le péché dont il s'est fait la caution ;
et comme si son Père céleste fût devenu
tout à coup le complice de ses bourreaux,
aucune voix ne descend du ciel pour procla-
mer son innocence. Il est seul, sans défenseur, pas un mot de pitié n'arrive à ses
oreilles. On n'entend que le bruit des instruments du supplice qui se prépare, les
cris et les rires des soldats, et au loin,
semblables au bruit vague, profond et inar-
ticulé de la mer furieuse, les malédictions
de la foule. Il n'y a que son auguste Mère,
saint Jean, Madeleine et quelques autres
femmes qui pleurent sur lui. O mystérieuse,
déchirante et incompréhensible agonie ! Jamais une telle sainteté ne se trouva livrée à
une telle douleur.

Combien on aime Jésus dans sa prison !
Combien on le trouve beau, tendre, miséricordieux et divin dans l'état ignominieux
où son amour l'a fait descendre! On voudrait
le délivrer de ses chaînes, essuyer son front,
lui ôter sa couronne d'épines, réchauffer ses
membres, et s'en aller souffrir et mourir
pour lui.

On condamne ses accusateurs et ses juges;
on plaint l'aveuglement du peuple et des

bourreaux ; on s'attriste de la fuite lâche et
précipitée de ses apôtres ; on voudrait lui
faire de son propre corps un rempart pour
le protéger contre les coups qui l'attendent;
on lui offre dans son âme un refuge contre
l'abandon qui le poursuit, et dans son cœur
un trône d'amour du haut duquel il puisse
braver la haine de ses ennemis et se consoler de l'indifférence de ses fidèles.

On lui dit dans les transports d'une charité dont lui-même est la source : « Seigneur
Jésus, mon vrai et unique Dieu, je vous
adore et je vous aime !! » et on voudrait
pouvoir mettre l'éternité dans cette chaste
et ardente parole, afin qu'elle fût, pendant
les siècles des siècles, un cantique plus délicieux à son oreille et un sentiment plus
digne de sa divinité.

On parcourt ainsi les différentes stations,
on s'arrête devant la Pierre de l'Impropère,
et, à genoux devant ce débris de colonne
qui a entendu les injures et les sarcasmes
dont Jésus a été abreuvé par les soldats de
Pilate, on se prosterne et on s'écrie dans
l'attitude de l'adoration: O Jésus, mon bien-
aimé, qui avez été insulté un jour devant
cette pierre d'ignominie, donnez-moi des
lèvres assez pures pour effacer moi-même
les paroles odieusement sacrilèges que vous
avez entendues ; laissez-moi vous dire avec

amour et respect ce mot que vos ennemis disaient avec une sanglante ironie : salut, ô Roi des Juifs ! Oui, salut, Roi de tous les siècles ; les artifices divins de votre amour derrière lesquels votre majesté se cache ne tromperont pas notre cœur. Non, vous n'êtes pas un esclave, comme vous voudriez le paraître ; non, vous n'êtes pas un criminel, comme vos ennemis le proclament ; vous êtes vraiment le Fils unique de Dieu et notre Dieu !

Le pèlerin aime aussi à aller se recueillir un moment au fond de la chapelle souterraine où fut découverte la vraie Croix. Ici l'obscurité est plus profonde, le calme plus solennel, et rien ne vient troubler l'âme dans ses pensées ni le cœur dans les chaudes expansions de sa charité. Tout parle de Jésus, et le silence lui-même a une saisissante éloquence dans cette chapelle, dont les ténèbres sont à peine dissipées par la faible et indécise lueur d'une lampe ; tout est plein de son nom et du souvenir de son sacrifice. Il semble qu'on se sent environné de myriades d'esprits célestes qui se prosternent et adorent avec nous Celui que les Juifs ont élevé à l'instrument d'ignominie dont ces lieux ont été longtemps les heureux dépositaires.

Puis s'offre encore à la vénération pieuse

des fidèles la Pierre de l'Onction où le corps
privé de vie de notre Sauveur bien-aimé fut
embaumé par Nicodème et par Joseph
d'Arimathie ; là, on embrasse en esprit les
mains et les pieds de JÉSUS, on adore la
plaie sacrée de sa poitrine, par où ont coulé
les dernières gouttes de son sang rédempteur ; on ôte de sa tête divine cette douloureuse couronne dont les épines ont percé
son front ; puis, mêlé à la sainte compagnie
des derniers amis du Maître, on embaume
son corps sacré dans les parfums d'un amour
à toute épreuve, on l'enveloppe dans le
blanc linceul des résolutions magnanimes, et
on lui jure une fidélité qui ne défaille jamais.

Sur la place où JÉSUS apparut à Madeleine, sa fidèle amie, l'âme va chercher un
peu de consolation ; elle voit Marie-Made-
leine, dans les angoisses de son amour,
cherchant son bien-aimé, et ne le reconnais-
sant pas encore. L'âme cherche JÉSUS avec
Madeleine, et, comme elle, elle voudrait
l'emporter tout mort qu'il est, et le garder à
jamais; elle se rappelle ce mot : Marie! que
le Seigneur prononça et qui fit tressaillir
Madeleine. Oh! que de charmes, de douceur,
de miséricorde, de séductions divines il y
avait dans ce seul mot tombé de la bouche
et du Cœur auguste du Maître! Marie, la
femme perdue, devenue la grande pénitente

et la grande sainte, avait été embaumée tout entière par le parfum de cette céleste voix. Elle emporta dans son désert escarpé de la Provence cette dernière parole de JÉSUS, et, pendant trente ans, le souvenir en suffit pour lui faire aimer et bénir sa solitude.

Mais l'âme qui aime à prier et à pleurer ses fautes va par la pensée sur le Calvaire ; c'est sur ce théâtre que JÉSUS a fait éclater les merveilles de sa miséricorde infinie ; c'est là qu'il a effacé tous les crimes des pécheurs ; qu'il a lavé toutes les souillures du monde et sanctifié toutes les douleurs et tous les sincères repentirs. On se représente JÉSUS couché sur sa croix ; on entend retentir les coups de marteau qui clouent ses membres sacrés à l'instrument du supplice ; on voit son sang divin couler abondamment par toutes ses blessures ; puis la croix se dresse ; JÉSUS est exposé aux regards du monde. C'est là l'heure solennelle dans laquelle Dieu et Satan se livrent un dernier combat.

« Salut, Montagne de la Rédemption, Autel du divin Sacrifice, Rocher du désert, d'où ont jailli les flots vermeils du fleuve de la vie ! Toutes les grandes choses qui ennoblissent l'humanité chrétienne : vérités, vertus, civilisations, saintetés, — sont descen-

4

dues de ton sommet, ô montagne du Calvaire ! Tu es le Sinaï des splendeurs, l'horizon des âmes, la vision sanglante et douce de l'Amour crucifié ! Le martyr qu'on torture, le malade qui gémit, l'agonisant qui meurt, se tournent vers toi, — et ils se sentent fortifiés. Les cœurs souillés qui reviennent à Dieu, les âmes pures qui embrassent le dévouement, pensent au Calvaire, et cette pensée met dans leurs repentirs des larmes délicieuses, dans leurs sacrifices des joies enivrantes. »

L'âme est éloquente sur le Calvaire ! elle éprouve des émotions et des transports qui la jettent tout éperdue dans un monde nouveau où tout est lumière, amour et sacrifice. Le chrétien ne voit plus rien de la terre, il n'entend plus rien de ses misères, de ses intérêts ni de ses passions ; pour lui, tout se résume dans ce seul mot que lui répètent toutes les pierres du temple, et que lui redisent tous ses souvenirs et tous les battements de son cœur : Jésus-Christ ! ...

Enfin, quand on a suivi le Sauveur jusqu'au sommet de la montagne sainte, qu'on a souffert avec lui et avec sa divine Mère, qu'on a pleuré ses fautes, et que la douleur, le repentir et l'amour se sont élevés à l'horizon de l'âme comme les signes précurseurs du pardon et de la justice ; quand auprès du cadavre ensanglanté du Maître, on a fait à Dieu l'holocauste de sa vie, et qu'on a cherché à immoler dans son cœur tous les enfants du péché, c'est-à-dire tous les désirs et toutes les affections qui viennent de la nature déchue, on se rend au Saint-Sépulcre pour s'ensevelir avec JÉSUS. On confie à son tombeau sacré la victime immolée, afin que l'âme transfigurée dans cette mort mystique puisse sortir de là pure et glorieuse, environnée de l'auréole de la résurrection.

CHAPITRE CINQUIÈME.

Les Franciscains en Palestine. — La Casa-Nuova. — Les prisonniers du Saint-Sépulcre. — La procession de la Croix. — Sanctuaire de la Flagellation. — Chapelle de Sainte-Hélène et de l'Invention de la Croix. — L'Impropère. — Le Calvaire. — Chapelle d'Adam. — Marie-Magdeleine. — Chapelle de l'Apparition.

APRÈS que les armées chrétiennes eurent abandonné pour toujours les Lieux saints, les Pères Franciscains, établis en Palestine dès l'année 1226, restèrent seuls pour conserver, au milieu de l'Islamisme, la tradition des souvenirs, de la prière et du droit.

Par une Bulle *(Gratias agimus)* en date à Avignon du 30 novembre 1342, le Souverain Pontife Clément VI confia la garde du Saint-Sépulcre aux Pères Franciscains [1].

1. Les Sultans d'Égypte et de Syrie protégèrent les Pères Franciscains dans l'exercice du culte, jusqu'à l'an 1342, où l'un d'eux ayant contesté la propriété des sanctuaires, le roi de Sicile Robert et sa femme Sanche les rachetèrent pour une forte somme d'argent, ainsi qu'il résulte clairement de la bulle *Gratias agimus.*

Voici la bulle elle-même qui se trouve *in extenso* dans

Ils y restèrent malgré les avanies de toutes sortes, les persécutions, le martyre. Pendant plus de cinq cents ans, ils ont été, dans ces contrées, les seuls représentants de l'Europe catholique. Par intervalle, les musulmans, soulevés par des crises de fanatisme, se ruaient contre ces pauvres moines et rougissaient de leur sang la roche du Calvaire ou la grotte du Saint-Sépulcre.

On compte quatre massacres généraux, dans une période assez courte ; mais le sang des martyrs est fécond [1]. D'autres pieuses phalanges accouraient pour remplacer les victimes au poste du péril et de l'honneur.

---

le premier volme de Quaresimus, et dont nous traduisons le passage important.

« Clément, évêque, serviteur des serviteurs de Dieu... Dernièrement, le roi Robert et Sanche, reine de Sicile, nous ont fait connaître, dans une supplique qui nous a été agréable, qu'ils ont obtenu à grand prix, et avec beaucoup de peine, du soudan de Babylone, que les Frères puissent demeurer continuellement dans l'église du Sépulcre du Seigneur, et y célébrer solennellement la messe et les autres offices divins ; et que, de plus, le même soudan a concédé au roi et à la reine le Cénacle et la chapelle dans laquelle le Christ se montra à ses apôtres en présence du bienheureux Thomas, et que la même reine a bâti aux Frères susdits un lieu sur le mont Sion, où l'on sait que sont situés le cénacle et les dites chapelles, où elle a l'intention de tenir continuellement à ses propres frais douze Frères du même Ordre...

Donné à Avignon, le deuxième jour des calendes de décembre, la première année de notre pontificat. »

1. Au XIIIe siècle, les religieux Franciscains furent tous massacrés au pied des autels par une horde de Karismiens. Ceux de Ptolémaïs eurent le même sort en 1291. Douze

Le Saint-Sépulcre ne manqua jamais de gardiens.

Généralement Italiens et Espagnols, ils n'avaient pas notre ardeur conquérante, mais ils avaient la tenacité, la patience, la longanimité qui savent attendre. Des Français auraient vingt fois abandonné le poste, en disant que tout était perdu ; eux ils espérèrent contre l'espérance même, ils continuèrent leur garde séculaire. Souvent, après les massacres, il ne restait qu'un humble Frère, sans défense et sans lettres, échappé, comme par hasard, au sabre turc. Mais ce Frère représentait le droit ; il se tenait au seuil des sanctuaires, attendant les jours meilleurs, et les jours meilleurs se levaient tôt ou tard, amenés par Celui qui veille sur les os des saints et qui chérit les pierres de Sion. Grâce à cette persévérance monacale, l'Église a gardé une partie des sanctuaires de la Palestine, les traditions locales ont été fidèlement conservées, un petit troupeau catholique a été maintenu dans la vraie foi.

Les Pères gardiens de la Terre-Sainte

---

autres furent martyrisés par les Turcs en 1368 et quatre en 1391. Combien périrent depuis, les uns décapités, les autres mis en pièces ou écorchés vifs ! En moins d'un siècle, depuis 1768 jusqu'en 1856, il en est mort 117 de la peste. Dans le même laps de temps trois moururent de la lèpre, quatre furent tués par les Turcs et six par les Grecs. Quinze autres furent massacrés en 1832 par des matelots grecs, non loin des côtes de l'île de Chypre.

s'établirent primitivement sur le mont Sion près de la vénérable maison du Cénacle, qu'ils transformèrent en église. Chassés de ce séjour en 1561, ils obtinrent la permission d'acheter le couvent de Saint-Sauveur, ancienne propriété des Georgiens, et c'est encore leur principale résidence. Situé dans la partie occidentale de la ville, non loin de la porte de Jaffa, ce couvent est vaste et pourvu de terrasses, à la manière orientale.

Il renferme l'église paroissiale de Jérusalem, les cellules des Pères, une bibliothèque, une imprimerie et une pharmacie, qui fournit gratuitement des remèdes aux malades de la ville. Le couvent de Saint-Sauveur est la résidence du Révérendissime Père Custode, qui étend sa juridiction sur tous les établissements du même Ordre, répandus en Palestine, en Égypte et en Syrie.

A côté de Saint-Sauveur s'élève la *Casa Nuova*, ou hôtellerie pour les pèlerins ; c'es-là que les Pères exercent le ministère de la charité chrétienne dont l'hospitalité antique est connue du monde entier. Tout pèlerin qui se présente, riche ou pauvre, catholique ou protestant, est reçu avec bienveillance. Il peut y rester un certain temps, logé, nourri, servi par la charité des bons Pères.

Il existe une autre résidence franciscaine qui n'a pour voie d'accession que l'église même du Saint-Sépulcre. Or, comme les Turcs ont les clefs de cette église, il en résulte que les religieux destinés au service de la Basilique n'en sont pas les gardiens, ils en sont plutôt les captifs ; ils ne peuvent sortir, même de leur demeure, que quand les musulmans viennent ouvrir les portes du saint lieu. Douce captivité, il est vrai, qui a pour théâtre le rocher du Calvaire et le Tombeau du Sauveur.

Veiller sur la propriété des Latins, desservir le chœur, entendre les pèlerins en confession, tel est le triple devoir des dix Pères enfermés dans leur petit couvent attenant à l'église, couvent obscur, humide et malsain, situé derrière leur chapelle. Cette captivité a ses inconvénients matériels, car les religieux, privés d'air et d'espace, s'épuisent vite, et il faut qu'ils soient remplacés, de trois mois en trois mois, par leurs frères du couvent de Saint-Sauveur. Au bout de ces trois mois, ce ne sont plus des hommes, ce sont des fantômes errants, des spectres qui marchent. Ni les plombs de Venise, ni les cachots du Spielberg n'ont de pareilles rigueurs ; mais ces rigueurs volontaires sont adoucies par la foi et rendues aimables par la charité.

Inutile de dire que tous les religieux envient le bonheur de venir, à tour de rôle, partager la captivité des Lieux-Saints [1].

Les Pères chantent l'office dans la chapelle de l'*Apparition*, qui est celle où ils conservent le Très Saint Sacrement ; cette chapelle leur sert de chœur, et ne communique à l'église du Saint-Sépulcre que par une porte qui reste ouverte durant l'office ; l'orgue des Pères est dans l'église, en face des arceaux de la Vierge. A Jérusalem cet orgue est un grand scandale pour les chrétiens d'Orient. L'orgue est à leurs yeux un instrument profane, comme serait le violon dans notre Occident.

Chaque jour, après les complies, à quatre heures et demie du soir, les Pères Franciscains font la *procession de la Croix*, un cierge à la main. Cet exercice consiste à s'agenouiller et prier dans chacun des sanctuaires qui sont renfermés dans l'église du Saint-Sépulcre [2].

A chaque station, on chante un couplet dont les paroles sont appropriées au mystère représenté par les différentes stations

---

1. Outre la propriété exclusive du sanctuaire de la Flagellation, de la Grotte de l'Agonie et du Jardin de Gethsémani, les Franciscains ont encore des couvents à Bethléem, à Saint-Jean-du-Désert, à Nazareth, à Tibériade, et en divers lieux de la Syrie.

2. Il est d'usage que, le lendemain de leur arrivée, le Père-Gardien invite les pèlerins à se joindre aux religieux.

que l'on parcourt. Il y a dans cette cérémonie quelque chose de profondément émouvant pour l'âme chrétienne. Quand on pense; ou plutôt, quand on sent qu'on est là sur la place même où s'est joué ce grand drame entre le ciel et la terre, entre le Fils de Dieu et Satan ; quand l'imagination, éclairée par la foi, vous représente la sainte et éternelle Victime écrasée sous le poids d'une inénarrable et volontaire angoisse ; qu'elle vous la montre expirant sur son gibet d'infamie et embaumée après sa mort par les soins de quelques amis dévoués ; quand vous voyez ce corps virginal descendu dans le sépulcre, et quand, au milieu de cette scène aux proportions surhumaines, votre œil plein de larmes contemple le noble courage et l'incomparable douleur de Marie, alors votre âme est là troublée, haletante ; elle éprouve des repentirs qui purifient et des amours capables de tout expier et de tout obtenir. Oh ! combien de larmes ont dû couler depuis dix-huit siècles sur les traces augustes de Jésus ! Combien de sanglots ont dû frapper les voûtes de la Basilique !

Suivons la procession pour visiter le Saint-Sépulcre, nous ne saurions avoir un meilleur guide.

Les Pères se dirigent tout d'abord vers la Colonne de la *Flagellation*. Cette colonne,

(dont une partie seulement se trouve maintenant à Jérusalem), cachée par un revêtement de métal, est du côté gauche du maître-
autel, dans une espèce de niche fermée par
un grillage [1]. Les membres nus du Sauveur
furent violemment attachés à la colonne, et
la cruelle torture commença. Il se tordait
comme un ver, dit Catherine Emmerich;
il poussait des cris sonores et doux.... Le
Roi du ciel et de la terre sanglotait de douleur comme un simple mortel et tout son
corps pleurait du sang ! — Le mugissement
de la foule s'élevait au loin, comme un sombre orage, et du côté de la Piscine Probati-
que, les agneaux du sacrifice pascal faisaient
entendre leurs bêlements plaintifs, semblant
seuls compâtir à la souffrance de JÉSUS [2].

En sortant de ce sanctuaire, on arrive
dans une chapelle étroite et sombre, appelée
la *Prison* [3]. C'est dans ce lieu que JÉSUS,
chargé de chaînes, fut enfermé quelques
instants pendant que l'on achevait les pré-
paratifs de son supplice [4].

De là, on se rend à l'endroit où les sol-

1. L'autre partie de la *Colonne de la Flagellation*, a été
envoyée à Rome, où on la vénère dans l'église de Sainte-
Praxède.
2. Le sanctuaire de la Flagellation est la propriété
exclusive des Pères Franciscains.
3. Cette prison n'est autre chose qu'un enfoncement de
quatre ou cinq pas sous le rocher.
4. Ce modeste sanctuaire appartient aux Grecs.

dats se réunirent et où s'accomplit cette parole des prophètes : « Ils ont divisé entre eux mes vêtements et ils ont tiré ma robe au sort. »

Quand on arrive sur le grand axe de la chapelle du Saint-Sépulcre, on aperçoit au fond d'un large sanctuaire, dans lequel on descend par une vingtaine de marches, la chapelle dédiée à *sainte Hélène*, mère de l'empereur Constantin. On prétend que c'est là que se tenait la grande princesse, pendant que les ouvriers creusaient la terre pour découvrir la Croix de Notre-Seigneur [1].

A gauche de l'autel est un arceau à la suite duquel douze marches conduisent au lieu même de *l'Invention de la sainte Croix.* C'est une espèce de grotte profonde et obscure. Un autel appartenant aux Latins indique l'endroit où fut découvert le précieux instrument du supplice.

En remontant de la chapelle de l'Invention de la Sainte-Croix, et repassant de nouveau dans celle de Sainte-Hélène, on rentre dans l'église, et on rencontre à sa gauche, à quelques pas, la Pierre des Injures *(improperia).* Au-dessous d'un petit et modeste autel on voit un fragment de la colonne appelée *Colonne de l'Impropère* [2]. C'est sur

---

1. Cette chapelle est aux Arméniens.
2. On l'appelle aussi *Colonne de l'Outrage.*

cette pierre que Notre-Seigneur fut exposé aux insultes et aux railleries des soldats. C'est pendant qu'il était assis sur ce tronçon de colonne, qu'ils le couronnèrent d'épines, qu'ils lui bandèrent les yeux, et que souffletant son divin visage et le couvrant de crachats, ils lui disaient sur le ton d'une infernale ironie : *Salut, ô Roi des Juifs* [1] ! Et lui arrachant le roseau qu'ils avaient placé entre ses mains, ils frappaient cette pauvre tête du CHRIST, tout endolorie et hérissée d'épines. Le Sauveur se laissait battre, meurtrir, outrager, sans rien dire. « Il souffrait horriblement de la soif, dit Catherine Emmerich ; ses blessures lui avaient donné la fièvre, et il frissonnait. Sa chair était déchirée jusqu'aux os, sa langue s'était retirée, et le sang sacré qui coulait de sa tête rafraîchissait seul sa bouche brûlante et entr'ouverte. »

Combien de temps dura cette scène ? L'Évangile ne le dit pas, mais qu'importe ? Le Passion du Sauveur n'a pas de temps ; elle est éternelle dans le cœur de l'humanité.

La Pierre des Impropères se trouvait dans le prétoire de Pilate, près de la colonne

---

1. Joann. XXXIX, 3.— La Couronne d'épines fut acquise à la France sous saint Louis et gardée dans la Sainte Chapelle jusqu'à la révolution ; en 1806, elle fut solennellement transférée à Notre-Dame, où les fidèles vont la vénérer.

de la Flagellation ; elle a été transportée dans l'église du Saint-Sépulcre [1].

La procession monte ensuite *au Calvaire* en chantant cette grande et belle hymne de la Passion : *Les étendards du roi s'avancent* [2]. On y arrive par deux escaliers de marbre blanc de vingt-une marches chacun. Toute la plate-forme du Calvaire peut avoir environ dix mètres de longueur sur six de largeur. Elle est divisée en deux parties séparées seulement par une grande arcade. La pierre à jamais consacrée qui fut teinte du sang du Sauveur, est recouverte de fort belles dalles de marbre qui la cachent complètement. Le côté du midi appartient aux Latins. Il renferme deux autels : l'un placé au lieu du crucifiement, l'autre à la droite de celui-ci, et à l'endroit même où se tenait la Très-Sainte Vierge pendant que son Fils bien-aimé mourait sur la croix [3]. C'est là qu'elle entendit JÉSUS lui dire en lui montrant saint Jean, dans lequel se personnifiaient les enfants de la nouvelle Église : *Femme, voici*

---

1. Ce lieu appartient aux Grecs.
2. *Vexilla regis prodeunt.*
3. Six bas-reliefs décorent l'autel du crucifiement ; ils représentent le Crucifiement, le Christ en Croix, la Descente de la Croix, l'Onction, la Mise au tombeau, la Résurrection. C'est le morceau d'art le plus remarquable que possède l'église du Saint-Sépulcre. Ce magnifique autel est en bronze et a été envoyé à Jérusalem, en 1588, par Ferdinand de Médicis, grand-duc de Toscane.

votre fils. Elle était à la gauche de Notre-Seigneur. De l'autre côté de l'autel du Crucifiement, dans un espace fermé, est le lieu où se tenaient Marie et les saintes Femmes pendant qu'on crucifiait le divin Rédempteur. Le côté nord du Calvaire appartient aux Grecs. Dans cette partie se trouve le trou même où fut plantée la croix[1]. On n'osa jamais y placer d'autel; et ce sentiment de pieuse terreur s'était transmis jusqu'à notre siècle. Les Grecs n'ont pas voulu perpétuer cette délicate réserve, et ils ont placé un autel de marbre, du reste assez élégant, au lieu même où la croix était dressée.

Mais ce qu'on ne peut pardonner aux Grecs, c'est d'avoir brisé le rocher lui-même du Calvaire sur un espace assez considérable, pour établir cet autel[2]. Le fragment enlevé était destiné au Patriarche de Con-

---

1. La cavité dans laquelle la Croix fut plantée resta béante jusqu'au XVIe siècle ; on la recouvrit alors d'une plaque d'argent ciselée avec des bas-reliefs représentant *le Crucifiement, la Descente de croix, la Résurrection, les Saintes Femmes au tombeau.* C'était l'œuvre d'un moine grec. On remarquait, entre de gracieuses arabesques, les glands, les raisins et autres emblèmes empruntés à la Flore symbolique du moyen âge. L'artiste y a mis le millésime 1560.

2. Le Père Manuel Garcia dans ses *Derechos legales,* reproche aux Grecs d'avoir sans motif enlevé cette roche précieuse. « Je ne trouve pas de parole, dit le Père, pour raconter les abominations et les horreurs commises par les Grecs à l'instigation du démon, pour effacer le souvenir du lieu où JÉSUS-CHRIST expira sur la croix. » Il raconte

stantinople : on l'embarqua au port de Jaffa ;
le navire fit naufrage, et Constantinople n'a
pas gagné ce que Jérusalem a perdu.

A un mètre de la Cavité de la Croix est la
déchirure du rocher, qui eut lieu à la mort
du Sauveur, lors du tremblement de terre,
le plus grand, selon Pline, dont on ait souvenir de mémoire d'homme. Cette déchirure
est verticale, et forme comme une ligne on-
dulée, se dirigeant de l'est à l'ouest. Une
petite grille en argent, qui se soulève à volonté, laisse examiner et toucher la roche
sainte.

Ces différentes parties du Calvaire sont
magnifiquement décorées par les fidèles des
diverses communions auxquelles elles ap-
partiennent. On y admire plusieurs lampes
d'or et d'argent, présents des princes chrétiens (1).

---

que cet enlèvement sacrilège eut lieu un matin avant le
jour. Le Frère sacristain, religieux Franciscain, homme ro-
buste et à la force de l'âge, n'ayant que quarante ans, étant
venu pour allumer les lampes sur la sainte montagne, fut
saisi d'une telle indignation, à la vue de cette profanation,
qu'il tomba à la renverse. Transporté à l'infirmerie, il
mourut dans la journée de regret et de douleur.

1. De précieuses mosaïques ornaient autrefois le chevet
et les voûtes de la chapelle du Calvaire. Le Crucifiement
occupait le fond. On y voyait des Prophètes de la loi antique, parmi lesquels Isaïe, Habacuc, Amos, David et
Salomon. Le Sauveur lui-même, ayant à sa droite sa Très
Sainte Mère et Jean-Baptiste, son précurseur. Sur l'une
des arcades était sainte Hélène, ayant la couronne impé-
riale sur la tête, tenant d'une main le globe surmonté d'une

Au dessous de la roche du Calvaire les Grecs possèdent une chapelle appelée *Chapelle d'Adam* [1].

En descendant du Calvaire on se trouve devant la pierre *de l'Onction* dont j'ai déjà parlé.

La procession suit toujours sa voie douloureuse et arrive enfin au Saint-Sépulcre que j'ai également décrit.

Enfin, la procession rentre au chœur par les deux chapelles des apparitions à Marie-Magdeleine et à la Vierge-Mère.

L'apparition à Magdeleine eut lieu à quelques pas seulement du Sépulcre. C'était alors un jardin, appartenant sans doute à ce même Joseph d'Arimathie, le propriétaire du Sépulcre [2]. Marie-Magdeleine, qui avait

---

croix rouge avec cette inscription : *Helena regina,* et de l'autre main une grande croix de Lorraine (c'est-à-dire à deux traverses). En face de sainte Hélène, était l'empereur Héraclius, nimbé comme un saint, tenant également la croix et le globe, avec cette inscription: *Eraclius Imperator.*

Il ne subsiste plus que quelques fragments de ces intéressantes mosaïques.

1. D'après une antique tradition, confirmée par plusieurs Docteurs de l'Église, Adam avait été inhumé à Hébron, et après le déluge, sa tête, conservée par Noé, fut déposée dans cette grotte, sous le rocher du Golgotha, qui, de là, prit le nom de *Cranion (montagne du Crâne)* ou *Calvarium,* lieu du Crâne. Ne serait-ce point en souvenir de ce fait qu'on représente une tête de mort au pied de la croix ?

2. Une chapelle est construite en ce lieu et appartient aux Latins.

suivi JÉSUS sur le Calvaire, ne pouvait se séparer de lui. Elle restait donc dans ce jardin, entre le Calvaire et la grotte sépulcrale, dans ce *champ où le trésor de son cœur était déposé*. Ce lieu, rempli de souvenirs chers et douloureux, c'était son monde à elle! Elle aimait, elle pleurait, elle attendait noyée dans ses larmes, perdue dans sa douleur, languissante d'amour. *Christi amore languida.*

Soudain, le Sauveur lui apparut, et lui dit : « Femme, pourquoi pleurez-vous ? qui cherchez-vous ? » Elle, pensant que c'était le jardinier, lui dit : « Seigneur, si c'est vous qui l'avez enlevé, dites-moi où vous l'avez placé et je l'emporterai. »

JÉSUS lui dit : « *Marie !* » Elle, s'étant retournée, lui dit : « *Rabboni !* » (Ce qui signifie maître.)

JÉSUS lui dit : « Ne me touchez point, car je ne suis pas encore monté vers mon Père [1]. »

Ce passage de l'Évangile est délicieux. *Marie !* — *Mon bon Maître !* — Appel de JÉSUS ; réponse de l'âme pénitente. Immense amour dans ce dialogue de deux mots. Ainsi, la pécheresse convertie eut la première visite du Ressuscité, et le Fils de l'Éternel oublia les splendeurs du Ciel, pour se ressouvenir du cœur qui l'avait aimé.

---

1. Noli me tangere !

Un peu plus loin se trouve la chapelle de *l'Apparition*, où JÉSUS se montra à sa très sainte Mère après sa résurrection. Ce fait n'est appuyé sur aucun témoignage de l'Écriture, mais la tradition qui l'affirme se fonde sur une convenance morale si haute et si délicate, qu'on ne saurait le mettre en doute. Le cœur a ses motifs de certitude aussi bien que l'esprit.

C'est la dernière station du jour, on y chante les dernières hymnes, on y murmure les dernières prières, et, pour quelques heures du moins, l'église redevient solitude et silence.

CHAPITRE SIXIÈME.

La Passion. — La Voie de la Captivité. — La Voie Douloureuse. — La Scala Sancta. — Ecce Homo. — Le Lithostrotos. — La rencontre. — Simon-le-Cyrénéen. — Nabal et Lazare. — La Véronique. — Les filles de Jérusalem. — La Porte Judiciaire. — La Croix du Juste, la Croix du pénitent. — Méditation.

AU point de vue historique comme au point de vue religieux, la *Passion* de Jésus-Christ est le plus grand fait dont Jérusalem ait jamais été le témoin. Il n'est aucun pèlerin qui visitant cette cité, ne parcoure, la prière dans le cœur et sur les lèvres, la *Voie Douloureuse.*

Après l'église du Saint-Sépulcre, qui a vu le dénouement suprême de ce drame divin, les premiers pas de l'étranger le portent sur cette voie ; elle commence au palais de Pilate, où Jésus fut chargé de sa croix, et finit au Calvaire, lieu du crucifiement. Les chrétiens qui la parcourent depuis tant de siècles, l'appellent encore le *Via Crucis* ou *Chemin de la Croix.* La distance est d'un quart de lieue. Des tronçons de colonnes couchés contre les maisons marquent les endroits auxquels se rattachent les principaux incidents de l'étrange et mystérieux triomphe de notre Rédempteur.

En parcourant tout ce drame sanglant de la Passion, avec ses différentes scènes, nous ne devons pas entendre les cris, les clameurs, les malédictions forcenées de la foule, car les spectateurs sont changés ; mais la foi et l'imagination peuvent suppléer à cette circonstance. Jérusalem n'occupe qu'un petit coin du globe ; mais la Passion de Notre-Seigneur est partout. Elle constitue un sacrifice éternel au sein du monde. JÉSUS-CHRIST est toujours dans ses sacrements, dans ses doctrines, dans son Église, dans ses ministres la sainte et immortelle Victime que les passions persécutent sans relâche. À tout homme qui étudie et réfléchit un peu, il est facile de voir que si JÉSUS est devenu le Roi du monde, en étendant jusqu'aux dernières limites son règne glorieux, Jérusalem aussi s'est agrandie ; ses frontières morales se sont dilatées et l'esprit de ses Pharisiens ennemis de JÉSUS s'est répandu partout. Sur tous les champs de la politique, de l'histoire et de la philosophie, on entend retentir les mêmes clameurs sinistres. JÉSUS est traîné devant le tribunal de la raison et des passions publiques, et là, comme au prétoire du proconsul romain, mille voix confuses s'élèvent pour crier : Qu'il soit crucifié ! il est digne de mort ! Mais laissons de côté ces réflexions qui nous mèneraient trop loin, et revenons au sujet qui nous occupe.

Les différents trajets de Notre-Seigneur, pendant la nuit de sa Passion, sont divisés en *Voie de la captivité* et en *Voie doulou- reuse*.

JÉSUS commence la première au Cénacle, dans les suprêmes épanchements de sa bonté ; il la continue au Jardin des Oliviers, dans les angoisses de son agonie. Puis trahi et livré par Judas, JÉSUS descend la vallée de Josaphat, traverse le Cédron, monte la colline du Temple, pénètre dans Jérusalem par la porte Sterquiline, se dirige vers le mont Sion jusqu'à la maison d'Anne, et va aboutir à celle de Caïphe. De là, le divin Captif fut conduit chez Pilate, en traversant presque toute la longueur de la ville, du midi au nord. Pilate l'envoya à Hérode, sur le mont Acra, à l'extrémité septentrionale de Jérusalem ; puis Hérode le renvoya à Pilate ; là, se termine la *Voie de la Captivité* et com- mence la *Voie Douloureuse*.

La nuit de la Passion avait été remplie d'inénarrables souffrances, et quand le Sau-

veur fut amené, dès le matin, au palais de
Pilate, il devait être pâle, défait et déjà couvert de sang, car la sueur de l'agonie n'était
pas essuyée, et puis le divin Captif avait été
conspué, souffleté, flagellé : voilà comment
s'ouvrit le dernier jour que le Fils de l'Homme passa sur la terre, avant de consommer
son sacrifice.

On conduisit donc JÉSUS, le vendredi
matin, de la maison de Caïphe au prétoire,
chez le gouverneur romain, Ponce Pilate (1).
C'est là que le pèlerin trouve la première
station de la Voie Douloureuse. JÉSUS, pour
entrer dans le prétoire de Pilate, monta vingt-
huit degrés en marbre (2). Sitôt averti, le
Proconsul fit approcher JÉSUS et lui demanda :
Es-tu le Roi des Juifs ?

— JÉSUS répondit : Mon royaume n'est
pas de ce monde. Si mon royaume était de
ce monde, mes serviteurs combattraient,
afin que je ne fusse pas livré aux Juifs : mais
maintenant mon royaume n'est pas de ce
monde.

Pilate lui demanda une seconde fois : Tu
es donc Roi ?

1. La maison de Pilate, qui servit longtemps de demeure aux Pachas de Jérusalem, est aujourd'hui une caserne
turque.

2. Ces pierres consacrées par les pieds déchirés du Christ
ont été tranportées à Rome, où elles forment, près de la
Basilique Constantinienne de Saint-Jean-de-Latran, la
Scala-Sancta, qu'on ne monte qu'à genoux.

— Jésus répondit : Tu le dis, je suis né pour cela et je suis venu dans le monde pour rendre témoignage à la vérité. Quiconque est pour la vérité écoute ma voix.

Pilate lui dit : Qu'est-ce que la vérité ?

Et sans attendre la réponse, il sortit pour dire aux Juifs qu'il ne trouvait rien de condamnable dans cet homme. Puis, apprenant que Jésus avait habité la Galilée, il le renvoya devant Hérode, qui était alors à Jérusalem.

A cent pas environ des ruines du Prétoire, et en avançant vers le Golgotha, on remarque au-dessus de la rue, une galerie couverte, ayant une double fenêtre. C'est de là que Pilate, pour attendrir les Juifs, leur montra Jésus conspué, couronné d'épines, portant à la main un sceptre dérisoire et sur les épaules un manteau de pourpre, — il se tenait debout sur la galerie proconsulaire, comme une navrante apparition de la souffrance. — Pilate prononça alors ces paroles mémorables qui s'appliquent à toute notre race, non moins qu'au Rédempteur, paroles qui retentissent encore à travers les siècles : *Ecce homo, Voilà l'homme !* Loin d'émouvoir les Juifs, cette vue ne fit que ranimer leur fureur et la foule impitoyable s'écria: « Qu'il soit crucifié ! — Mais quel mal a-t-il fait ? demanda Pilate.» Et elle s'écria plus furieuse:

« Qu'il soit crucifié ! — Crucifierai-je votre roi ? — Nous n'avons d'autre roi que César ! — Alors crucifiez-le ; mais je suis innocent du sang de ce juste. — Que son sang retombe sur nous et sur nos enfants ! »

Le proconsul, effrayé, s'avança vers le *Lithostrotos*, siège de pierre. Là, était ce tribunal où allait être portée la plus formidable sentence qui soit jamais tombée d'une lèvre humaine. Ponce-Pilate s'y assit et prononça la sentence de mort. Puis, s'étant fait apporter de l'eau, il se lava les mains devant le peuple. « Lave tes mains, Pilate, elles sont teintes du sang innocent ! Tu l'as octroyé par faiblesse, tu n'es pas moins coupable que si tu l'avais sacrifié par méchanceté ; les générations ont redit jusqu'à nous : Le Juste a souffert sous Ponce-Pilate : *Passus sub Pontio Pilato* [1]. »

Le juge inique a beau se laver les mains ; elles demeurent couvertes de sang innocent. C'est une tache indélébile que n'effacerait pas toute l'eau de l'univers. Pilate est à jamais classé parmi les grands criminels de l'histoire. Sa sentence contre le CHRIST est retombée sur lui comme une éternelle malédiction. Au reste, le Sang du Juste poursuit partout et ce peuple qui a jeté un

---

1. M. Dupin aîné, JÉSUS *devant Caïphe et Pilate.*

défi à la justice éternelle, et ce juge qui a déserté son devoir.

La seconde station se trouve à quelque distance de la fenêtre de l'*Ecce-Homo*, dans une des cours du prétoire, à l'endroit même où JÉSUS fut chargé de sa croix. « Et portant sa croix, il sortit, » dit saint Jean.

A deux cents pas de là, à l'angle de deux rues, JÉSUS tomba sous le poids de cette croix ; le Prophète l'avait dit : « Ma force s'est desséchée comme l'argile. » C'est la troisième station. Un morceau de colonne renversée en marque le lieu. Cet endroit est saint, car il a supporté le corps étendu et brisé de JÉSUS-CHRIST. On se prosterne sur cette poussière, on adore le divin Patient qui gisait là, dans l'accablement de son grand travail.

La quatrième station est à cinquante pas plus loin. En cet endroit une petite rue débouche sur la Voie Douloureuse, venant du quartier du Temple et du palais proconsulaire. Avant le dénouement funèbre, Marie, Mère de JÉSUS, voulut encore une fois voir son fils, lui dire adieu, recevoir un regard de lui ! l'un de ces regards suprêmes, rapides comme la pensée, immenses comme l'amour. Elle suivit cette petite rue transversale, devança le cortège, et quand JÉSUS passa, chargé de sa croix, la pauvre mère était là

pâle, émue, tremblante. N'est-ce point le cas
de s'écrier avec Jéremie : O fille de Jérusalem, à qui vous comparer ? Votre douleur
est vaste comme la mer ! — Elle tomba
comme morte, et ne put prononcer une parole : le CHRIST ne lui dit que ces seuls mots :
O Mère, je vous salue : *Salve, Mater* [1] !

JÉSUS fut contraint d'avancer sans pouvoir
secourir sa mère... *Son heure* était venue ;
il devait boire le calice de toutes les douleurs.

La cinquième station est voisine des deux
précédentes; elle se trouve presque au milieu
de la rue [2]. C'est là que les Juifs, voyant
l'impossibilité où était leur innocente victime de porter seule, sans succomber, le
lourd fardeau de l'instrument du supplice,
arrêtèrent Simon-le-Cyrénéen, qui revenait
des champs par la porte de Damas, et le
forcèrent à charger sur ses épaules une
partie de la croix. Ce qui faisait agir ainsi

1. A l'endroit de cette rencontre il y avait jadis une
église dédiée à Notre-Dame-de-Pamoison. Ce monument
de la piété chrétienne a subi, comme tant d'autres, les
outrages des fils de Mahomet, et il a disparu. Mais
aujourd'hui, les Arméniens catholiques l'ont racheté, et
ils y ont construit une chapelle et un hospice pour
leurs pèlerins.

2. En cet endroit on remarque dans une muraille, à
gauche, une pierre fortement entaillée et devant laquelle
les pèlerins s'arrêtent pour prier. D'après la tradition,
JÉSUS, chancelant sous sa lourde croix et ne pouvant aller
plus loin, chercha à se soutenir en appuyant sa main
contre cette pierre, sur laquelle il laissa une empreinte
sanglante.

les bourreaux, ce n'était pas, hélas ! la compassion, c'était plutôt un raffinement de haine ; les Juifs voulaient crucifier, non pas un cadavre, mais un homme vivant.

A partir de ce point, le chemin fait un coude, et passe de l'ouest au nord. Cette nouvelle rue monte vers le Calvaire par une pente assez roide. Presque à l'entrée on voit, au fond d'une impasse, les ruines de ce qui fut la maison de Nabal, le mauvais riche. Non loin de là on trouve la pierre où reposait Lazare-le-Pauvre [1].

Sur cette voie douloureuse, dont toutes les pierres crient que Dieu aime tendrement les hommes, ces ruines et cette pierre restent pour montrer que les hommes ne s'aiment pas toujours entre eux.

Dans la même rue, a peu près au milieu, est bâtie une maison d'apparence médiocre, et qu'on signale comme étant celle de Bérénice. C'est la sixième station de la *Voie Douloureuse*. JÉSUS montait péniblement au

---

1. « Il y avait un homme riche, vêtu de pourpre et de lin, et qui se traitait magnifiquement tous les jours.

« Il y avait aussi un pauvre nommé Lazare, tout couvert d'ulcères, couché à sa porte, qui eut bien voulu se rassasier des miettes qui tombaient de la table du riche, mais personne ne lui en donnait ; et les chiens venaient lécher ses plaies.

« Or, il arriva que le pauvre mourut, et fut emporté par les Anges dans le sein d'Abraham. Le riche mourut aussi, et eut l'enfer pour tombeau. » (*Saint Luc, Chap.* XVI.)

Calvaire, tel qu'Isaïe l'avait *vu* huit siècles auparavant. « Il n'a ni apparence ni beauté... il nous a paru un objet de mépris et le dernier des hommes. La splendeur de son visage était cachée. » Bérénice reconnut son maître; sans se laisser effrayer par les menaces des soldats, elle se prosterna pour adorer le Dieu-Martyr. En présence de ce visage trempé de sueur, inondé de sang et souillé d'horribles immondices, elle fut touchée d'une indicible compassion et avec un linge qu'elle tenait dans ses mains, elle essuya ce pauvre visage meurtri et pleurant. La ressemblance divine s'imprima sur le linge et depuis lors, Bérénice s'appela *Véronique*, la Vraie Image (1). Au milieu des lâchetés, des abandons et des apostasies qui éclataient de toutes parts autour du Maître, le souvenir de Véronique repose le cœur.

---

1. D'après quelques auteurs, Bérénice ou Véronique ne serait autre que l'Hémorrhoïsse qui fut guérie par Jésus. Malade pendant douze ans, elle avait épuisé inutilement tous les secours de la médecine. Un jour, elle entendit le Sauveur, elle le vit à l'œuvre, guérissant les malades d'un geste, d'un mot, d'un regard, par un léger contact de ses doigts. C'était le médecin qu'il lui fallait. « Si je pouvais seulement toucher la frange de son vêtement, disait-elle, je serais guérie. » Elle y parvint au milieu de la foule, et soudain elle se sentit délivrée de son infirmité. Le Sauveur se tourna de son côté, et d'un air ineffablement bon, l lui dit : *Ayez confiance*, ma fille; votre foi vous a sauvée.

Véronique n'avait oublié ni le bienfait, ni les tendres paroles qui en avaient augmenté le prix. Elle le prouva en rendant au Sauveur cet humble service de lui essuyer le visage.

En quittant cette station, on continue à monter, et après quelques pas, on aperçoit dans le mur extérieur d'une maison un creux qui indique la place de la seconde chute de Notre-Seigneur.

Un peu plus loin, et au point d'intersection de deux rues est l'endroit où Jésus consola les filles de Jérusalem qui le suivaient en pleurant et se frappant la poitrine. Mais le divin Maître, uniquement préoccupé des malheurs qui menaçaient la cité déicide, se retourna en leur adressant ces paroles : « Filles de Jérusalem, ne pleurez point sur moi, mais pleurez sur vous-mêmes et sur vos enfants ! » Remarquons en passant qu'il n'y a que des femmes qui aient donné au Sauveur, allant au Calvaire, des marques de pitié sympathique.

A cinquante pas de la rencontre, une colonne renversée, indique l'emplacement de la neuvième station où Jésus tomba pour la troisième fois.

A partir de là, la route suivie par le Christ devient moins régulière; et enfin, après plusieurs détours, on arrive, en montant toujours, dans une petite rue presque déserte où est la porte dite *Porte-Judiciaire*, nommée aussi porte de *l'Angle*. C'est là que finissait la ville de Jérusalem au temps de Notre-Seigneur. Là commence le Golgotha; c'était le lieu des exécutions, c'est aujourd'hui un quartier considérable de la ville et le lieu le plus vénéré de toute la terre. Après la Porte Judiciaire, on ne peut plus suivre la *Voie Douloureuse* à cause des édifices qui ont été construits sur son ancien emplacement, et c'est dans l'église du Saint-Sépulcre que les pèlerins vont faire les cinq autres stations du Chemin de la Croix. Nous les avons déjà visitées comme sanctuaires.

Il n'y a point en ce monde une route plus mélancolique que le parcours de la *Voie Douloureuse*. L'aspect lugubre des lieux que l'on traverse ajoute encore les tristesses du présent au deuil du passé: partout, la désolation et la ruine; la trace du fer et du feu; le souvenir du sang ou des larmes; partout une image de mort.

C'est ici le lieu de parler des trois croix qui furent dressées sur le Calvaire : la croix de JÉSUS, la croix du Bon Larron, la croix du Mauvais Larron [1]. Détournons le regard de

---

1. Le village de *Latroun*, qui n'est plus maintenant qu'une ruine, et qui se trouve sur la route de Jaffa à Jérusalem, passe pour avoir été la patrie du Bon Larron. On rattache une légende pieuse au miracle de sa conversion, la première qu'ait obtenue le Sang du Crucifié !

C'était au moment de la *fuite en Égypte*, la caravane que suivaient Joseph et Marie s'était remise en route après le repos de midi, au bord de la fontaine, à l'ombre des mûriers et des térébinthes. L'Enfant JÉSUS s'était endormi sur les genoux de sa mère et la Vierge respectait ce divin sommeil. Tout à coup deux voleurs

cette dernière: le spectacle en est trop affli-
geant: c'est le spectacle effroyable autant
qu'odieux de l'impénitence.

Mais contemplons les deux autres croix.
Celle du Juste qui nous sauve; celle du
Pénitent qui nous encourage.

Jésus souffre pour expier nos crimes ; le
Bon Larron, image du pénitent, souffre pour

---

s'élançant des broussailles parurent devant eux; la Vierge
leur montra l'Enfant endormi, et l'un des deux voleurs fut
touché jusqu'au fond de l'âme, et au lieu d'attaquer il dé-
fendit. Trente ans s'écoulèrent: Jésus passa à travers le
monde en faisant le bien ; l'histoire ne dit pas ce que fit le
larron; mais un jour trois croix se dressèrent sur un sommet du Calvaire: le Fils de l'Homme était attaché entre
deux voleurs. L'un d'eux blasphémait, mais l'autre disait :
Celui-ci n'a fait aucun mal, et se tournant vers Jésus:
Seigneur, disait-il encore, *souvenez-vous de moi quand
vous serez dans votre Royaume*. Jésus lui répondit par ce
mot qui est la meilleure preuve du grand nombre des élus:
Aujourd'hui même, tu seras avec moi dans le Paradis.
Or, celui-là même à qui le CHRIST parlait ainsi, c'était
le Bon Larron qui avait sauvé l'Enfant Jésus.
Malheureusement le saint pénitent du Calvaire n'a point
été imité par ses compatriotes; ils sont toujours voleurs et
malfaisants. Disons cependant que depuis l'établissement
de postes de bachi-bouzouks, sur la route de Jaffa à Jérusalem, ils se tiennent sur la réserve, et y regardent à deux
fois avant d'attaquer les voyageurs. Le passage est à peu
près sûr en plein jour, et les Latronnais se contentent de
vous regarder du haut de leur montagne, en disant pro-
bablement dans leur langage: *Ils sont trop verts*.
Je ne me rappelle plus où j'ai lu l'histoire d'une pieuse
dame, du temps de Louis XIV, qui avait une dévotion particulière au Bon Larron. Elle aimait à visiter les prisonniers,
surtout les plus pervers ; les mettait sous le patronage de
son saint favori et obtenait par lui des conversions mira-
culeuses.

expier, autant qu'il est en lui, ses propres forfaits.

La Croix de JÉSUS nous offre l'éternel modèle de la souffrance du juste. La noble Victime du Calvaire ne murmure pas, ni ne se lamente; elle ne se plaint point de son Père qui semble l'abandonner, ni de l'injustice et de la cruauté des hommes. Elle va même jusqu'à prier pour ses bourreaux. Plus que cela, JÉSUS souffre avec joie, nous dit le grand Apôtre, car il sait le bien qui nous en reviendra : c'est donc sur JÉSUS, l'auteur de notre salut, qu'il nous invite à fixer sans cesse notre regard, afin que nous apprenions à sanctifier nos souffrances par la vue d'un pareil spectacle. Et, auprès du Sauveur, nous voyons Marie, le modèle le plus accompli de la souffrance unie à celle du Sauveur. Elle souffre dans son Fils et par son Fils. Elle est de tout cœur une sainte victime associée au sacrifice du divin Crucifié. Comme JÉSUS, elle souffre en silence et n'accuse ni la sévère justice de Dieu, ni l'injustice des hommes ; au contraire, elle remercie Dieu de l'honneur d'être si intimement unie à la passion du CHRIST son Fils, nous invitant par son exemple à répondre nous-mêmes à l'invitation de saint Paul, quand il nous propose non seulement de croire en JÉSUS-CHRIST, mais encore de souffrir pour l'amour de lui.

6

Que si, de Marie, nous suivons dans la suite des âges la noble lignée des Saints, nous trouvons que, pour toutes ces âmes d'élite, la douleur, la chose la plus affreuse pour l'humanité, n'existe plus ; elle est changée en délices.

Depuis saint Paul jusqu'au juste le plus modeste et le plus ignoré du cloître, nous entendons retentir ce cri d'allégresse inconnu de l'ancien monde : « En toute tribulation je trouve une joie surabondante [1]. »

Qui donc pourra expliquer humainement cette prodigieuse transformation opérée dans l'ordre moral par la vertu de la Croix du Sauveur : le royaume de la souffrance devenu un paradis ! C'est de la folie ! dira le monde. On le disait déjà du temps du grand Apôtre. Et lui de répondre: « Oui, c'est de la folie; mais la folie de la croix ! »

Sur la croix du Bon Larron, ce n'est plus l'innocent qui souffre, c'est le pénitent qui expie. Le larron souffre au nom de la société, outragée par ses crimes ou troublée par sa révolte. Par son châtiment, il rétablit l'ordre troublé et répare le scandale donné. Mais ce châtiment qui satisfait la société humaine est insuffisant aux yeux de Dieu ; cette expiation ne donnera pas au supplicié la paix,

[1]. II Cor., VII, 4.

moins encore l'espérance d'une vie meilleure.
Heureusement se dresse à côté du patient
la Croix de l'Homme-Dieu ; il est le premier
à recueillir les admirables fruits du sacrifice
rédempteur. Un rayon part du cœur du bon
Maître, qui va droit au cœur du coupable
jusqu'ici abandonné de Dieu et retranché de
la société des hommes. Son âme est subju-
guée. Il sent, lui coupable, que son supplice
ne le justifiera point, et, sous l'action efficace
du voisinage de la Croix divine, il cherche
à la vraie source, la vie purifiée, le bonheur
éternel.

« Seigneur, s'écrie-t-il, souvenez-vous de
moi lorsque vous serez dans votre royaume.»

— Et Jésus lui répond :

« Tu seras aujourd'hui avec moi dans le
paradis. »

Quel merveilleux essai le Sauveur vient
de faire de sa divine grâce ! Quelle foi elle
fait naître en cette âme coupable ! Quel repentir elle provoque dans le cœur de ce
pénitent ! Mais aussi quelle récompense
accordée à cette confiance sans bornes !
Supérieur à toute crainte des hommes, à
tout respect humain, le Bon Larron impose
silence à son malheureux compagnon de
crime, puis il *se confesse* publiquement par
ces paroles : « Nous souffrons avec justice,

nous recevons le châtiment mérité pour nos forfaits. » Enfin, il demande avec confiance son pardon au Dieu crucifié, à celui « qui n'a pas fait de crimes », et laissant à sa foi naissante tout son élan de prédestiné, il termine par ce cri immédiatement exaucé : « Seigneur, souvenez-vous de moi dans votre paradis ! »

Voilà un des effets de la souffrance unie à celle de JÉSUS-CHRIST, un des merveilleux fruits de la pénitence. Sous l'action de la grâce, la souffrance fait d'un criminel qualifié, un pénitent, un défenseur de la vérité, un saint !

CHAPITRE SEPTIÈME.

Le Tombeau des Rois. — La Vallée de Josaphat. — Le Jardin de Gethsémani et ses oliviers. — Prière et Agonie. — La Trahison de Judas. — L'Oraison dominicale. — Ascension. — Pierre de l'Ascension. — Viri Galilæi.

GETHSÉMANI, au point de vue religieux, est l'avant-scène du drame dont le Calvaire est le dernier acte, c'est l'acceptation volontaire du sacrifice dont le Golgotha est la consommation.

Gethsémani est donc un des sanctuaires les plus précieux et les plus augustes de la terre.

En sortant de Jérusalem par la porte de Jaffa, nommée aussi porte des Pèlerins, et en tournant à droite et vers le septentrion, on trouve les *Grottes royales* dont parle l'historien Josèphe, et que l'on appelle plus communément le *Tombeau des Rois.*

En suivant le chemin qui descend au fond de la vallée, on voit, dans un petit carrefour, le lieu du martyre de saint Étienne. On regrette de ne pas trouver un sanctuaire élevé sur le lieu même où ce grand saint

subit son supplice; car saint Étienne est
le premier martyr de la Loi nouvelle, le
premier dont le sang a rendu témoignage
au Sang de Jésus-Christ. Mais Dieu lui-
même s'est chargé de pousser encore plus
loin la ressemblance; il a voulu que le sang
et la prière de saint Étienne fussent fé-
conds à l'image du Sang et de la prière de
son Fils unique.

En effet, le Sang divin du Rédempteur a
purifié le monde et enfanté l'Église; celui de
son disciple a transformé un bourreau en
apôtre, et il nous a donné saint Paul. L'É-
glise Catholique, le temple le plus magnifique élevé par le Fils de Dieu à la gloire de
son Père ; saint Paul, la voix la plus éloquente et la plus infatigable qui ait retenti
dans ce temple surnaturel. Il me semble
donc qu'un monument élevé sur le lieu
même où s'accomplit ce martyre serait en
même temps la première page de l'histoire
de l'Apôtre des Nations !

Tout près de là, on montre l'endroit où
se tenait Saul, tandis qu'il gardait les vêtements de ceux qui lapidaient le saint diacre.

A quelques pas de distance, le chemin se
bifurque en deux sentiers. L'un se dirige
vers le sommet des Oliviers. L'autre, se dirigeant à droite, suit quelque temps le lit

desséché du Cédron, — ce torrent *des cèdres* tant de fois nommé dans l'Écriture, — et l'on se trouve enfin dans la *Vallée de Josaphat*, tribunal suprême où l'Éternel tiendra les grandes assises du monde.

La Vallée de Josaphat s'étend du nord au sud, entre la ville de Jérusalem et la montagne des Oliviers. C'est en ce lieu plein d'une sainte horreur que, des quatre vents du ciel, se réuniront les légions des morts convoqués par la trompette des anges. Le site est âpre et sauvage. Là, dorment en rangs pressés des cendres qui paraissent avoir voulu se trouver d'avance au rendez-vous de la résurrection générale. Les fils d'Israël surtout se font un honneur de reposer dans la Vallée de Josaphat, et de mêler leur poussière à celle des anciens Hébreux[1]. Le lit desséché du torrent laisse voir de toutes parts un sable aride, mêlé de terre... çà et là des rochers, ornements gigantesques du globe, percent le tuf aride, et dressent leurs pointes aiguës. Sur le chemin, sur la montagne, dans la vallée, aucun bruit d'hommes, d'animaux, d'insectes, aucune végétation qui révèle la vie. Pendant l'hiver les pluies viennent alimenter le Cédron, et

---

1. Parmi les tombeaux, on en distingue trois qui sont forts anciens, ce sont les sépulcres de Zacharie, de Josaphat et d'Absalon.

alors il devient quelquefois un véritable
torrent dont les flots vont se perdre dans la
mer Morte. La Vallée de Josaphat a toujours été regardée comme un cimetière
béni ; c'est le champ du repos par excellence [1].

Non loin des sépulcres, dans un monti-
cule, est creusée une église souterraine où se
trouve le tombeau de la Sainte Vierge. On
descend dans l'église par un escalier de
cinquante degrés [2]. A peu de distance de
la porte se trouvent deux tombeaux qu'on
dit être ceux de saint Joachim et de sainte
Anne. Vers le milieu de la nef se trouve le
tombeau de la Mère du Rédempteur. Un
grand nombre de lampes brûlent sur l'autel.

---

1. Chaque année, pour avoir une poignée de cette *terre
bénie* sur leurs vieux os, des Juifs pauvres et misérables
quittent les pays lointains, bravent la mer, affrontent les
Arabes, heureux de s'endormir et de reposer à jamais entre ces roches arides... Au moyen âge le monde chrétien
partageait cette croyance. On trouve encore de la *terre de
Josaphat* dans plusieurs cimetières d'Italie. Ce fut presque
une révolution à Pise quand on ferma le *Campo-Santo*, si
célèbre dans toute l'Europe; ce que le peuple regrettait, ce
n'étaient point les peintures d'Orcagna, de Cimabué et des
Memmi, c'était la terre de Jérusalem et la poussière de
Josaphat, rapportées par des caravanes de pèlerins.

On comprend ces attractions mystérieuses et puissantes:
elles tiennent à la nature même de l'homme, qui frémit au
bord de la tombe, et qui se rattache, dans la mort même,
aux espérances de l'immortalité.

2. Cette église est la propriété actuelle des Grecs schismatiques, mais toutes les communions de la chrétienté y
ont un oratoire où elles viennent prier.

Près de l'église de la Vierge et tout à côté du village de Gethsémani, un peu au-dessus du lit que trace le torrent de Cédron se trouve le chemin que prennent ordinairement les visiteurs et que suivit JÉSUS lorsque, sorti du Cénacle, *il alla, selon sa coutume, sur le mont des Oliviers* [1].

Le mont des Oliviers, si célèbre dans les souvenirs chrétiens, borde à l'orient la Vallée de Josaphat : cette vallée et le torrent de Cédron le séparent de Jérusalem. Du temps de David, les *jardins du Roi* étaient situés sur la montagne élargie en terrasse : il n'en reste plus de traces aujourd'hui ; c'est un autre jardin qui attire les pas et l'attention du pèlerin.

Ai-je besoin de nommer le Jardin des Oliviers ? Ce jardin, non loin du village de Gethsémani dont il a souvent porté le nom, appartient aux Pères Franciscains de Terre-Sainte, qui, après l'avoir acheté, sont parvenus à obtenir la permission de l'entourer d'un mur [2]. On entre par une porte basse et toute en fer.

---

1. L'usage s'est introduit chez nous de dire la montagne des Oliviers: le véritable nom, celui que donnaient en français les chrétiens du temps des Croisades, est celui-ci: le mont Olivet, *mons Oliveti*. Les évangélistes nomment huit fois le mont Olivet, et quatre fois seulement le mont des Oliviers.

2. Ce mur est décoré d'un beau Chemin de la Croix peint sur porcelaine, présent d'Isabelle II, Reine d'Espagne. Chaque station est encadrée dans une bordure de rosiers.

Une fois introduit dans l'Eden évangélique, on se trouve dans le lieu que Jésus aimait, où il passait les nuits en prières sous le feuillage protecteur des Oliviers. Son souvenir est partout, dans cette poussière foulée par ses genoux et arrosée de ses larmes, dans ces fleurs d'Orient, pieusement cultivées, et dont les parfums mélangés rappellent la suavité de son nom, dans ces vénérables Oliviers surtout, les mêmes peut-être qui abritèrent la prière de Jésus !

Ils sont au nombre de *huit*, antiques d'aspect, rugueux et courbés sous le poids de l'âge. De savants pèlerins ne craignent pas de dire qu'ils peuvent avoir été contemporains de Jésus-Christ ; il n'y a là rien d'impossible...... Quoi qu'il en soit, ils occupent le même jardin, et cette longévité végétale n'est pas nécessaire pour motiver notre respect. L'olivier est, pour ainsi dire, immortel, parce qu'il renaît de sa souche ; le vieux tronc se creuse, on le remplit de pierres et de terre pour qu'il puisse résister au vent : chaque année on amoncelle autour de lui l'humus végétal, la cime monte encore, l'écorce rejette, et le vieil arbre noueux se pare de verdure et se couvre de fruits. Chaque olivier est moins un arbre qu'un amas d'arbres : on dirait un faisceau de colonnes tordues et violemment réunies : les

tiges nombreuses s'agglomèrent sous la
même écorce, et s'incorporent à la tige
maternelle comme pour assurer l'éternité
de l'individu avec la perpétuité renaissante
de ses membres. Les plus beaux oliviers
du monde se trouvent au Carmel, en Galilée
et dans la Samarie, en un mot, dans tous les
sites où les plus heureuses circonstances en
favorisent la croissance : mais nulle part on
n'en trouve qui présentent un caractère de
vétusté plus frappant que ceux de Gethsémani, plantés entre les rochers arides. Ce
sont des vieillards encore verts, ces vénérables
aïeux du christianisme, et qui vivront longtemps, car le Révérend Père Custode des
Franciscains du Saint-Sépulcre les protège
contre la dévotion indiscrète des pèlerins.

Les musulmans eux-mêmes professent
un certain respect pour ces témoins vénérables de la Prière de JÉSUS et de ses
disciples. Il suffit, du reste, de les voir et
de les considérer un instant pour reconnaître
que de longs siècles ont passé sur leur tête.
Ils ont vu tous les malheurs de Jérusalem,
peut-être en avaient-ils vu la gloire ! Puis-
sent-ils assister à sa nouvelle résurrection
et s'abriter bientôt à l'ombre d'un drapeau
chrétien. Arbres sacrés, qui avez ombragé
les divines angoisses de JÉSUS, soyez bénis !

La montagne des Oliviers vit comme le

prologue du grand drame de la Passion.
Jésus y fit sa dernière prière, car avant de
sortir du Jardin de Gethsémani, il avait dit
aux apôtres : « Restez ici pendant que j'irai
prier. » Il prit alors avec lui Pierre, Jean
et Jacques, et s'avança dans la direction de
la grotte. Avant d'y arriver, il s'arrêta auprès
d'un rocher et dit aux trois apôtres : « Mon
âme est triste jusqu'à la mort, attendez ici
et veillez avec moi. » Puis il s'éloigna d'eux,
à la distance d'un jet de pierre.

Or, à cette distance d'un jet de pierre, il
y a une grotte que l'on appelle : *la Grotte
de l'Agonie.* Cette grotte est dans le rocher;
on y descend par sept degrés ; elle est assez
vaste, mais irrégulière, soutenue par trois
gros pilastres bruts ébauchés dans le roc [1].
On y a placé trois autels. Le plus beau,
entouré d'une grille, se trouve au fond ; il
marque la place où JÉSUS se prosterna et
pria, en disant : « Mon Père, si ce calice ne
peut passer sans que je le boive, que votre
volonté soit faite. » Mais la sainte humanité
du Sauveur était accablée sous le poids des
iniquités humaines. La divinité s'était comme
voilée en lui et l'humanité était là tremblante,

1. Un bel édifice s'élevait autrefois au-dessus de la grotte,
mais aujourd'hui on en voit à peine les fondements. Ce
sont partout des ruines que l'or des schismatiques et la
vénalité du gouvernement turc ne permettent pas aux
catholiques de relever......

effrayée, brisée. « Mon Père, répétait l'adorable Victime, que votre volonté soit faite, et non la mienne. » Et pendant sa prière, il tomba en agonie. Sur une plaque de marbre voisine de l'autel on a posé cette inscription simple et touchante, dont les paroles sont empruntées au texte même de l'Évangile : « *Ici* lui vint une sueur comme du sang, dont les gouttes découlaient jusqu'à terre ; » ici, pour parler comme l'Écriture, les torrents de l'iniquité l'ont bouleversé et les douleurs de la mort l'ont environné.

Après le douloureux mystère de son agonie, JÉSUS sortit de la grotte et retourna vers Gethsémani. Il s'arrêta sur une sorte de terrasse, un peu au-dessus des oliviers sous lesquels il aimait à prier. Pendant ce temps, à travers les arbres, on voyait des lanternes et des torches s'agiter dans la vallée de Josaphat et se rapprocher rapidement du jardin. C'étaient la trahison et le déicide qui marchaient en silence à cette sinistre lueur. La rampe de Gethsémani fut bientôt franchie et des figures menaçantes se montrèrent, à quelque distance de JÉSUS. Alors un homme sortit du groupe et, s'approchant du Sauveur, il l'embrassa en disant : « Maître, je vous salue ! » Aussitôt les satellites se jetèrent sur la proie qui leur avait été désignée, et la captivité de JÉSUS commença pour ne finir que sur la croix.

Aucun monument ne s'élève sur le lieu de la trahison de Judas ; un fragment de colonne est fixé sur le sol.

En quittant ce premier plan de la montagne on arrive à un troisième étage qui est une charmante solitude. C'était là que JÉSUS conduisait ses apôtres quand il leur disait : « Maintenant, venez à l'écart, et reposez-vous un peu. » Assis dans cette retraite, loin des bruits de la cité, il les instruisait dans la science des choses divines, et ce fut là particulièrement qu'il leur apprit cette admirable prière : « *Notre Père qui, êtes dans les cieux* [1]. »

---

1. Le 16 octobre 1874, cinq Religieuses Carmélites venues du monastère de Carpentras ont été installées, à Jérusalem, par Mme la Princesse de La Tour-d'Auvergne, dans son habitation du Mont-des-Oliviers, laquelle a été mise en communication avec l'église et le sanctuaire du *Pater-Noster*. Sur les terrains environnants, les Carmélites ont bâti leur monastère situé sur le lieu même où Notre Seigneur JÉSUS-CHRIST enseigna à ses disciples la prière que le monde chrétien sait par cœur et qu'on appelle : *l'Oraison dominicale.*

Ce monastère érigé en face du Calvaire, à quelques minutes de la Grotte de Gethsémani, est à 180 pas du lieu de l'Ascension. Les RR. Mères Carmélites qui ont le bonheur de l'habiter sont les gardiennes du sanctuaire du *Pater-Noster* qui est déjà devenu un lieu de pèlerinage.

Les R. R. Mères Carmélites sont également établies à Bethléem : sous peu les ruines du Sanctuaire d'Emmaüs seront relevées et des religieuses du même Ordre en prendront possession. Enfin un quatrième couvent de Carmélites va être bâti au pied même du Mont-Carmel.

Un peu plus loin se trouve l'endroit où celui qui avait tant aimé les pécheurs sentit l'émotion le gagner et les larmes mouiller ses paupières en pensant aux malheurs qui allaient fondre sur la cité sacrilège. C'est là encore qu'il prédit la fin du monde, et traça de cette catastrophe suprême le tableau qui se déroule avec une si formidable majesté dans les XXIVᵉ et XXVᵉ chapitres de l'Évangile de saint Matthieu.

« Le soleil s'obscurcira, la lune ne donnera plus sa lumière, les étoiles tomberont du ciel et les puissances des cieux seront ébranlées.

« Alors le *Signe* du Fils de l'Homme paraîtra dans le ciel ; alors aussi toutes les tribus de la terre se lamenteront, en se frappant la poitrine, et elles verront le Fils de l'Homme venir sur les nuées du ciel avec une grande puissance et une grande gloire [1]. »

« Quand les branches du figuier commencent à devenir tendres et qu'il pousse des feuilles, vous connaissez que l'été est proche; — de même, quand vous verrez toutes ces choses, sachez que le Fils de l'Homme est proche et qu'il se tient à la porte.

« Quand le Fils de l'Homme viendra dans

1. Pendant que le Sauveur parlait ainsi, il avait devant lui, à l'horizon, la montagne du *Signe*, et à ses pieds *la Vallée du Jugement.*

sa gloire avec tous les Saints, il s'asseoira sur le trône de sa gloire.

« Et il mettra les brebis à sa droite et les boucs à sa gauche. Alors le Roi dira à ceux qui seront à sa droite: « Venez, les bénis de mon Père ; possédez en héritage le royaume qui vous a été préparé depuis le commencement du monde ;

« Car j'ai eu faim et vous m'avez donné à manger ; j'ai eu soif et vous m'avez donné à boire ; j'étais étranger et vous m'avez recueilli.

« J'étais nu et vous m'avez vêtu : j'étais malade et vous m'avez visité ; j'étais prisonnier et vous m'êtes venus voir... *car je vous dis en vérité que toutes les fois que vous avez fait ces choses au moindre de mes frères, c'est à moi-même que vous les avez faites.* »

Enfin, on arrive au haut de la montagne des Oliviers, qui a trois sommets. C'est sur celui du milieu que JÉSUS reposait ses pieds quand il fit ses adieux à la terre. Il avait convoqué à ce sublime rendez-vous tous ses disciples, pour les rendre témoins de son triomphe. Attentive et recueillie, l'assemblée couvrait le plateau supérieur de la montagne. Il fit ses recommandations suprêmes, et s'adressant particulièrement aux Apôtres, il leur dit : « Toute puissance m'a été donnée au ciel et sur la terre : allez, enseignez toutes les nations, les baptisant au nom du Père, du Fils et du Saint-Esprit... Voici que je suis toujours avec vous jusqu'à la fin du monde.

Puis étendant les mains sur l'assemblée des disciples et des apôtres, il les bénit, et pendant qu'il les bénissait, il s'éleva dans les airs avec une majestueuse lenteur, et il disparut bientôt dans un nuage de lumière, laissant, dit la tradition, l'empreinte visible de ses pieds sur la montagne.

Sur cette montagne à jamais célèbre, JÉSUS n'a pas seulement terminé par un des plus éclatants miracles de sa puissance, sa vie, il l'a de plus immortalisée en y donnant à ses apôtres leur mission, en les constituant les continuateurs de son œuvre. C'est là qu'a pris naissance l'apostolat catholique, et c'est de ce point sacré du globe qu'a coulé sur les successeurs de JÉSUS la grâce qui les a faits les envoyés de Dieu.

La Pierre de l'Ascension existe encore et porte l'empreinte d'un pied que tous les

---

1. Glaber rapporte qu'un illustre et pieux chevalier, faisant le pèlerinage des Lieux-Saints et s'attachant avec amour à toutes les traces du Sauveur, eut le cœur si touché de componction que sa vie s'écoula par cette blessure profonde. Il avait visité Nazareth, l'escabeau qui soutint la majesté de l'Éternel quand il abaissa les cieux et descendit sur la terre, et le Thabor dont la cime fut illuminée par la gloire

pèlerins ont vénéré, de temps immémorial, comme le dernier vestige de l'Homme-Dieu sur la terre [1]. Les anciens voyageurs disent qu'il y avait autrefois deux empreintes, et que les Turcs ont enlevé celle du pied droit pour la garder dans la mosquée d'Omar. « En examinant cette trace, dit Chateaubriand, on en a conclu que le Sauveur avait le visage tourné vers le nord au moment de son Ascension, comme pour renier ce midi infesté d'erreur, pour appeler à la foi les barbares qui devaient renverser les temples des faux Dieux, créer de nouvelles nations, et planter l'étendard de la Croix sur les murs de Jérusalem. »

On montre encore les ruines d'une église

du Très-Haut, et le Jourdain roulant ses flots consacrés par le baptême du Seigneur, et Bethléem et la pauvre Crèche où vagit le Verbe lorsqu'il se fut fait petit enfant, et le Jardin de Gethsémani que JÉSUS, à l'heure suprême de l'agonie, détrempa de sa sueur sanglante, et le Calvaire où le Rédempteur mourut pour nous rendre la vie ; enfin il était parvenu à la montagne des Oliviers. Là, contemplant les derniers vestiges laissés sur la terre par le Fils de l'Homme, il les baisa mille fois avec les soupirs d'un amour infini ; puis retirant à soi toutes les forces de ses affections, comme un archer retire la corde de son arc quand il veut décocher sa flèche, et élevant les yeux et les mains au Ciel: O CHRIST ! dit-il, je ne sais plus où vous chercher et vous suivre ici-bas; accordez donc à ce cœur qu'il s'en aille après vous là-haut. Et avec ces ardentes paroles, son âme s'envola vers Dieu, comme une flèche lancée droit au but.

En général, les voyageurs, aujourd'hui, ne se montrent pas aussi détachés de toutes choses, ni aussi généreusement chrétiens.

bâtie par sainte Hélène, au lieu même où
Jésus monta au Ciel. Il ne reste plus
aujourd'hui que le pavé, quelques pans de
murs et des naissances de colonnes brisées.
On rapporte que la coupole du temple
demeura toujours à ciel ouvert ; quand on
voulait la fermer, la pierre se retirait d'elle-
même, comme pour laisser libre le passage
de Notre-Seigneur. On dit encore que c'est
au même lieu que descendra le CHRIST au
dernier jour : « Il posera ses pieds sur la
montagne des Oliviers, qui est vis-à-vis de
Jérusalem. »

J'ai dit que la montagne des Oliviers avait
trois sommets ; celui de droite s'appelle le
mont des Galiléens, mais il est appelé par les
Latins le *Viri Galilæi*, parce que, après
l'Ascension, deux anges y apparurent aux
disciples et leur dirent : « *Viri Galilæi*,
hommes de Galilée, pourquoi vous arrêtez-
vous ici, regardant vers le Ciel ? Ce Jésus
qui s'est séparé de vous pour monter au
Ciel, en redescendra un jour, comme vous
l'avez vu y monter. »

Le sommet opposé est le mont du
Scandale, sur lequel Salomon avait bâti un
temple à Chamos, idole des Mohabites, à
Astaroth, dieu des Sidoniens, et à Melchom,
Dieu des Ammonites, pour plaire aux fem-
mes païennes dont l'amour l'avait perverti.

CHAPITRE HUITIÈME.

*Le Mont des Oliviers. — Encore Jé-
rusalem. — Les Juifs. — Les
Psaumes. — Louange et bénédiction. — Grotte de Jérémie. — Lamentations. — Cérémonie juive.
— Ahasvérus.*

C'EST du sommet du mont des Oliviers qu'on doit contempler Jérusalem, quand on veut jouir d'un horizon sublime et mélancolique.

Du côté de l'orient, le regard glisse sur des montagnes désertes et nues, plonge dans la vallée du Jourdain, ombragée et fraîche, et s'arrête sur les flots endormis de la mer Morte ; au sud les monts Moabs, noyés dans une vapeur bleue, se dressent comme un mur et ferment l'entrée de l'Arabie déserte. Au milieu de leurs escarpements, le Nebo détache, par une saillie vigoureuse, sa silhouette abrupte et sa hauteur décapitée. Au nord, les montagnes de Samarie se montrent à l'horizon et s'abaissent vers celles d'Ephraïm, qu'elles vont rejoindre du côté de l'occident. Au couchant, dans la splendeur du ciel oriental et toute dorée de rayons, Jérusalem, avec Sion et le Golgotha ; puis le Temple, la

Tour de David, les coupoles arrondies du Saint-Sépulcre et la flèche aiguë et blanche des minarets. Toutes ces pierres semblent tressaillir au son qu'elles ont entendu et raconter l'histoire du vieux peuple juif, histoire qui devient plus éloquente et plus sombre, quand l'œil s'abat tout à coup, à l'occident, sur la cité étrange que le monde appelle à la fois sainte et déicide, sur Jérusalem morne et désolée.

« Un peuple a passé là qui promène aujourd'hui son exil sous tous les soleils et s'assied au foyer de toutes les nations, sans pouvoir ni se recomposer ni être détruit. Troublé dans sa destinée par les éternelles vicissitudes qui fatiguent les choses humaines ; vingt fois attaqué, vaincu en apparence et foulé aux pieds, mais toujours plus fort que ses vainqueurs et survivant à leurs triomphes ; déchiré en lambeaux par la dispersion d'Israël et jeté comme la poussière aux quatre coins du monde, mais résistant jusqu'en cet état de faiblesse à l'action des siècles destructeurs, aux colères des révolutions, à l'influence des systèmes politiques, des philosophies et des religions qui se partagent le globe, ce peuple a vu naître et tomber les puissantes monarchies du haut Orient et les républiques de la Grèce et de Rome ; il a pu respirer et vivre

jusque sous ces flots de barbares qui étouf-
fèrent l'empire romain ; il n'a point été absorbé par le moyen âge qui s'est écroulé
sans l'entraîner dans sa ruine ; il est représenté aujourd'hui dans toutes les capitales
de l'Europe par les fils de ceux qui le repré-
sentaient, il y a trois mille ans, sur les bords
de l'Euphrate et du Jourdain. »

Sans patrie, sans gouvernement, sans
magistrature, sans pontificat, mais fidèle à
ses lois et à ses dogmes religieux, il révère
Moïse, adore Jéhovah, et attend le Messie
annoncé dans ses livres, comme l'attendait
Abraham, son père, et Adam son aïeul. On
dirait un peuple de granit, sculpté par une
main qui n'a pas d'égale et posé par elle à
l'entrée des âges, comme ces sphinx de la
vieille Égypte qui dorment sur le seuil des
déserts : tant il reste immobile au milieu
des générations que la vie fait rouler autour
de lui, ainsi que des flots de sable chassés
par le vent !

Cette histoire, ces destinées de la nation
juive reviennent d'elles-mêmes à la pensée,
quand on a sous les yeux ce paysage triste
et grandiose, ce sol tourmenté et stérile, ces
ruines accumulées, où sont empreints les
pas de vingt peuples, où Dieu a laissé les
traces profondes de sa colère et l'horreur
d'une malédiction permanente.

Les Juifs sont très malheureux à Jérusalem : ils habitent un étroit quartier, sans air et sans soleil, entre le mont Sion et l'emplacement du Temple; c'est là qu'ils vivent dans la misère.

Si du haut de la même montagne on porte son regard vers le midi, on aperçoit la Fontaine de Siloé répandant ses flots silencieux et calmes entre la vallée de Josaphat et le Cédron. Au dessus s'élève le mont Sion avec ses mines et ses souvenirs : c'est la montagne sainte dont la poésie a porté le nom dans tout l'univers : là David eut son palais; là, près de l'Arche sainte qui attendait un temple, il composa les hymnes que l'on chantait dans les cérémonies solennelles et qui sont rassemblés et connus aujourd'hui sous le titre de *Psaumes* (1).

---

1. Une partie considérable du mont Sion est aujourd'hui occupée par deux couvents arméniens, l'un de moines, l'autre de religieuses.

Le premier est entouré de vastes jardins remplis de sycomores, de palmiers, de bananiers vivaces, de cèdres du Liban, de sapins d'Alep, d'arbres fruitiers et de cyprès, comme au temps de Salomon : *Cypressus in monte Sion.* Cette retraite a quelque chose de tranquille, de doux et de solennel. Le patriarche arménien y préside et reçoit volontiers les visites des pèlerins d'Occident. Il a, paraît-il, la collection complète des souverains d'Europe, et selon les nationalités qui le visitent, il exhibe tel ou tel portrait. Cette petite ruse politique ne trompe personne.

Le couvent patriarcal possède une superbe église bâtie et enrichie avec l'or de l'Espagne, à laquelle les Arméniens l'ont ravie ; car ces derniers se sont faits quelquefois

Quel flot de riche poésie est descendu des hauteurs de Sion ! Comme les accents du Roi-Prophète retentissent dans l'âme, excitant la crainte, la douleur, l'espérance et l'amour ! C'est tantôt la désolation de l'élégie, l'enthousiasme de l'ode, tantôt la grave et pénétrante douceur de l'hymne et du cantique. Rome et la Grèce s'émurent au bruit de chansons harmonieuses qui racontaient des batailles ou seulement des jeux et des plaisirs ; mais le poète de Sion a franchi, dans son essor, la sphère des réalités grossières et périssables, il a fait parler une voix qui appelle et emporte l'âme dans des horizons infinis. Qui s'est élevé plus haut ?

complices des Grecs pour dépouiller les catholiques. Leurs belles propriétés du mont Sion sont entachées de ce vice originel, le vol ! Dans une des chapelles du monastère on vénère le lieu même ou Hérode fit décapiter saint Jacques-le-Majeur, dont le corps fut ensuite transporté à Compostelle.

Une des nefs latérales de l'église possède une table d'autel fort simple, soutenue par trois pierres en grande Vénération parmi les Arméniens : l'une vient du Sinaï, l'autre du Thabor, la troisième du Jourdain.

A côté du premier couvent, il y en a un autre qui est habité par des religieuses schismatiques, et bâti sur le lieu qu'occupait autrefois la maison du Pontife Anne. On montre, dans l'église, la place où se tenait le Sauveur quand il fut frappé au visage par un valet du Grand-Prêtre. Dans la cour de ce même couvent on voit un antique Olivier, auquel, si l'on en croit la tradition, fut attaché le Sauveur du monde pendant que les princes des prêtres délibéraient sur son sort.

Le maison qu'habitait Marie, mère de Jean-Marc, sur le mont Sion, est occupée par des religieux syriens.

qui a mieux pénétré et décrit les mystères
du sentiment religieux ? Il a tourné son
regard sur les siècles écoulés ; il l'a porté
sur les siècles futurs ; il a interrogé ce livre
si profond qu'on appelle le cœur de l'homme,
et ce livre étincelant qui, sous le nom de
nature, publie de si grandes choses. Chargé
des secrets du Ciel et de la terre, il les a
répétés avec la puissance d'un langage qui
captive l'attention des peuples.

Pontife universel, il a placé sur sa harpe
l'hommage de toutes les créatures, depuis
la goutte de rosée qui bénit Dieu sans le
savoir, jusqu'aux anges qui volent sous les
pieds de l'Éternel comme les roues d'un char
précipité ; il a décrit le soleil vêtu de gloire,
la mer se balançant sous le doigt de son
Maître, les cieux se déployant en pavillon
d'azur, les étoiles semées au loin dans
l'espace comme une poussière éblouissante.
Écoutons plutôt :

Louez Dieu !

Louez le Seigneur dans les cieux. Louez-le dans les
lieux sublimes.

Louez-le, vous tous ses anges, louez-le vous ses armées et ses puissances.

Soleil et lune, louez-le ; étoiles et lumière, louez-le
ensemble.

Louez-le, cieux des cieux ; et que toutes les eaux
qui sont au-dessous des cieux louent le nom du
Seigneur.

Parce qu'il a parlé, et toutes choses ont été faites, il a commandé, et elles ont été créées.

Il les a établies à perpétuité et pour tous les siècles; il leur a prescrit un ordre qui ne changera point.

Louez le Seigneur sur la terre, dragons et profonds abîmes;

Feu, grêle, neige, glace, souffles des tempêtes qui exécutez sa parole;

Montagnes et toutes les collines, arbres fruitiers et tous les cèdres;

Bêtes sauvages et tous les animaux, serpents et tous les oiseaux qui avez des ailes;

Rois de la terre et tous les peuples, princes et tous les gouverneurs de la terre;

Les jeunes hommes et les vierges, les vieillards et les enfants;

Qu'ils louent tous le nom du Seigneur, parce que son nom seul est grand, sa majesté est sur le ciel et sur la terre.

Voilà la prière large et magnifique, montant comme le poème de la création jusqu'à Dieu, pour chanter sa gloire; ce n'est pas un accent individuel, c'est le cantique universel.

Après la louange qui monte, voyez la bénédiction qui descend:

Vous visitez la terre et vous l'enivrez de vos dons, vous l'enrichissez merveilleusement; elle se réjouit en sentant la vie qui germe dans son sein.

Vous avez couronné l'année de vos bienfaits, les cieux distillent la rosée féconde.

Les déserts fleurissent dans leur beauté et les collines sont parées de joie.

Les campagnes sont revêtues de troupeaux, et les vallées sont couvertes de froment.

Elles en triomphent et chantent un cantique d'allégresse.

Barde national, il a redit les durs travaux de ses ancêtres, le long enfantement de la grandeur d'Israël, le Sinaï s'illuminant de la face de Jéhovah, le Jourdain fuyant d'effroi vers sa source étonnée, la Judée souriant à son ciel, parée de sa verdure et de ses fleurs, et riche de ses produits et de son peuple.

Poète de l'humanité, il a déroulé les replis de la conscience et montré la source profonde d'où jaillissent les larmes du repentir qui purifie; ses gémissements éveillent dans l'âme un ineffable sentiment de l'éternité. Harmonie intime de l'âme, effusion de repentir, d'amour, de reconnaissance, on n'a que l'embarras du choix dans toutes ces divines choses; j'ouvre au hasard *le Psautier* et je transcris le psaume cent-deuxième :

O mon âme, bénis le Seigneur, et que tout ce qui est en moi bénisse son saint nom.

Mon âme, bénis le Seigneur, et n'oublie jamais aucun de ses bienfaits.

C'est lui qui pardonne toutes tes fautes, qui guérit toutes tes infirmités,

Qui rassasie tes désirs par ses bienfaits, qui renouvelle ta jeunesse comme celle de l'aigle.

Le Seigneur aime à faire miséricorde et justice à tous les opprimés.

Le Seigneur est bon et miséricordieux, lent à la sévérité et abondant en grâce.

Il ne s'irrite pas pour toujours, il n'use pas éternellement de menaces.

Il ne nous a pas traités selon nos péchés, il ne nous a pas punis selon l'étendue de nos iniquités.

Car autant que les cieux sont élevés au-dessus de la terre, autant sa bonté est grande sur ceux qui le craignent.

Il a écarté de nous nos iniquités autant que l'orient est éloigné de l'occident.

Comme un père est ému de compassion envers ses enfants, le Seigneur est compatissant envers ceux qui le craignent.

Car il sait bien de quoi nous sommes faits ; il se souvient que nous ne sommes que poussière.

Les jours de l'homme mortel sont comme l'herbe ; il fleurit comme la fleur des champs.

Le vent ayant soufflé sur elle, elle n'est plus, et son lien ne la reconnaît plus.

Mais la miséricorde du Seigneur est de tout temps et pour toujours sur ceux qui le craignent, et sa justice sur les enfants de leurs enfants.

Le Seigneur a établi son trône dans les cieux, et son règne a la domination sur tout.

Bénissez le Seigneur vous qui êtes ses anges puissants et forts, qui faites son commandement en obéissant à la voix de sa parole.

Bénissez le Seigneur, vous ses armées célestes, qui êtes ses ministres et qui faites sa volonté.

Bénissez le Seigneur, ouvrages de ses mains, dans tous les lieux de son empire.

O mon âme, bénis le Seigneur.

Poète de la religion, il a chanté sur un mode merveilleux le Médiateur envoyé du ciel aux hommes, sa génération éternelle, sa naissance dans le temps, ses douleurs et sa mort, sa résurrection et son triomphe, enfin son empire s'étendant sur les cœurs, d'un bout du monde à l'autre.

Écoutons encore :

Seigneur des vertus, que vos tabernacles sont aimables !

Mon âme désire ardemment et elle soupire après les parvis du Seigneur !

Mon cœur et ma chair tressaillent de joie dans le Dieu vivant.

Car le passereau trouve un asile pour s'y retirer et la colombe un nid pour y mettre ses petits.

A moi vos autels, ô Seigneur des vertus, mon roi et mon Dieu !

Bienheureux ceux qui habitent dans votre maison, Seigneur ; ils vous loueront éternellement.

Heureux l'homme qui attend de vous son secours; il a placé dans son cœur des degrés d'ascension, et de cette vallée de larmes, il monte au lieu qui lui est destiné...

Seigneur, un seul jour dans vos parvis vaut mieux que mille jours.

J'ai choisi d'être le premier dans la maison de mon Dieu, plutôt que d'habiter dans les tentes des pécheurs.

On ne se lasserait pas de citer ; c'est le Psautier complet qu'il faudrait transcrire. En regard de ces accents si purs, si élevés, si saints, que sont les odes de Pindare et d'Horace ? Des compositions sonores, élégantes, artistiques, mais rien de plus ; il n'y a pas de divinité en elles.

Du palais et du tombeau de David, il ne reste plus rien !

Tout ce qui frappe le regard, en descendant du haut de la montagne des Oliviers pour rentrer à Jérusalem, est plein d'ensei-

gnements semblables. En traversant le Cédron ou la vallée de Josaphat, il semble que l'on
entend encore *les Lamentations de Jérémie.*
Car au fond d'un ravin voisin des murs de
la ville, se trouve la grotte du prophète.
Cette grotte isolée et solitaire est muette
aujourd'hui. C'est là pourtant, que l'illustre
prophète d'Anathat laissait autrefois tomber
de son cœur, plein de soupirs et de larmes,
les chants célèbres connus sous le nom de
Lamentations.

Quelle grandeur! quel éclat! quelle poésie!
Tout ce que l'âme humaine peut avoir de
cris, de sanglots, de mélancoliques tristesses,
Jérémie l'a senti et exprimé dans un langage
d'une incomparable énergie, et qui sera
toujours le modèle et le désespoir des poètes
de la douleur publique et nationale.

O caverne déserte et sombre, tu peux
rester silencieuse maintenant ! Tu as fait
retentir au loin les paroles les plus éloquentes
peut-être que le Ciel ait inspirées et que la
terre ait entendues. La grande voix qui
sortait jadis de tes flancs et qui pleurait sur
les désastres de la patrie, ne s'est pas
perdue, la postérité l'a recueillie, et cette
voix suffit pour t'illustrer à jamais !

Les lois, les mœurs, les croyances et le
nom même des Juifs étaient à la merci du
despote Nabuchodonosor qui les couvrait

d'opprobre et semblait devoir les effacer de la terre. Au milieu de cette infortune, Jérémie, qui l'avait prédite, écrivit à ses frères pour les consoler, en relevant leur espérance et en marquant la fin de leur captivité, qu'il fixait à soixante-dix ans. Ensuite il s'assit tout en larmes et pleura ses Lamentations sur Jérusalem, en tirant de son cœur blessé des soupirs inconsolables.

Après une touchante exposition de son sujet, le prophète ou plutôt le poète peint a dispersion des Juifs, le dénûment absolu de Sion, ses princes chassés, la ville et le temple livrés au pillage, les peuples insultant à son malheur sans qu'une parole amie vienne la consoler. Dans sa pitié patriotique, il évite de rappeler que ce désastre est la punition de crimes nombreux ; il ne veut voir et dire qu'une chose : la misère incomparable de la Ville Sainte faisant contraste avec sa félicité et sa gloire évanouies. Alors Jérusalem élève la voix ; ce n'est plus une cité vaincue : c'est une mère en deuil, une veuve éplorée, dont le sort lugubre fait peur à tout le monde, et qui même ne trouve plus autour d'elle ses enfants, devenus ses ennemis ; c'est une reine descendue des hauteurs splendides d'où elle commandait aux nations, pour être leur tributaire et leur esclave. Seule capable d'exprimer toutes ses souffrances, elle se compare à une vigne qui florissait un jour et voyait les cèdres ramper à ses pieds et les fleuves rouler leurs ondes sous l'ombrage de ses pampres, mais qui vient d'être vendangée et détruite par une tempête de la colère divine.

Elle se compare à une vierge, hier dans toute la gloire de sa jeunesse et de sa beauté, aujourd'hui tombée dans la servitude et courbée sous un joug qu'elle désespère de briser jamais. Dieu a fait descendre sur elle un feu qui circule dans ses veines, la brûle et la dévore : c'est la guerre ; puis, comme si ce destructeur rapide ne suffisait pas à le venger, Dieu a mandé le temps, ce ministre infatigable de l'éternité, et lui a donné mission d'exterminer les princes, le peuple et les soldats de Jérusalem. Aussi elle est devenue un objet d'horreur, et le monde détourne d'elle ses regards, en sifflant de mépris ; il ne lui reste qu'à étendre vers le ciel et la terre ses mains découragées et à laisser couler ses larmes inépuisables.

Le Seigneur, dit Jérémie, a rejeté son Autel; Il a maudit son Sanctuaire; Il a livré aux mains des ennemis ses murs et ses tours ; on a crié dans la Maison du Seigneur, comme on criait pendant les Fêtes solennelles.

Le Seigneur a résolu d'abattre la muraille de la Fille de Sion (1). Il a tendu son arc et il n'a pas retiré sa

---

1. Jérusalem.

main que tout ne fût détruit. L'avant-mur a pleuré, et le mur aussi s'est écroulé.

Ses portes sont enfoncées dans la terre. Ils ont rompu et brisé les gonds. Son Roi et ses Princes errent au milieu des nations : il n'y a plus de Lois et ses Prophètes n'ont plus de Visions.

Les Vieillards de la Fille de Sion, plongés dans un morne silence, sont assis sur le sol, la tête couverte de cendres, les reins ceints d'un cilice, et les Vierges ont courbé leur front vers la terre.

Les larmes ont obscurci mes yeux, le trouble a saisi mes entrailles, mon cœur s'est répandu quand j'ai vu la Fille de mon peuple détruite, et ses Enfants à la mamelle tombant morts sur les places publiques.

Ils disaient à leurs Mères : Où est le blé ? Où est le vin ? et ils tombaient d'inanition au milieu des rues, et ils mouraient sur le sein de leurs mères, comme s'ils avaient été blessés à mort.

A qui te comparerai-je ? A qui ressembles-tu, ô Fille de Jérusalem ? Comment te consolerai-je, ô Vierge, Fille de Sion ; ta douleur est immense comme la mer : qui te guérira ?

Tes Prophètes ont eu pour toi des Visions mensongères et insensées. Ils ne t'ont pas fait connaître ton iniquité pour t'exciter à la pénitence ; mais ils ont faussement prophétisé pour toi des Triomphes, et des désastres pour tes ennemis.

Tous ceux qui passaient par le chemin ont battu des mains en contemplant ta ruine ; ils ont sifflé la Fille de Jérusalem en branlant la tête. Est-ce là, disaient-ils, cette ville d'une beauté si parfaite, la joie de l'Univers ?

Tous tes ennemis t'ont maudite, ils ont sifflé, ils ont grincé des dents, et ils ont dit : nous la dévorerons ; voilà le jour que nous attendions, nous l'avons trouvé, nous l'avons vu (1).

---

1. Jérémie. *Lament. II, 7-17.*

Ainsi pleurait Jérémie avec des sanglots éloquents que les plaintes d'aucun proscrit n'ont jamais pu égaler. Longtemps auparavant, la vue anticipée des maux de Jérusalem avait mis dans l'âme et sur la lyre du Psalmiste Royal ce chant mélancolique, le plus bel hymne qu'ait inspiré l'amour de la Patrie.

Près des fleuves de Babylone, nous nous sommes assis, et nous avons pleuré au souvenir de Sion.

Aux saules de l'Euphrate, nous avons suspendu nos cithares. Et là, ceux qui nous ont réduits en servitude nous ont demandé de chanter nos cantiques ;

Ceux qui nous ont expatriés : Chantez, ont-ils dit, quelque hymne de Sion !

Ah ! comment chanter un hymne joyeux sur une terre étrangère ? si je t'oublie Jérusalem, que ma droite elle-même s'oublie !

Que ma langue s'attache à mon palais si je ne me souviens de toi, si Jérusalem n'est à jamais mon premier amour !

Rappelez-vous, Seigneur, les Enfants de l'Idumée dans le jour où ils criaient : Abattez, détruisez Jérusalem jusqu'en ses fondements.

Malheur à toi, Fille de Babylone ! Heureux qui te rendra tous les maux que tu nous as faits !

Heureux qui prendra tes petits enfants et les brisera contre la pierre.

Au reste, de tous les Prophètes qui ont annoncé et décrit la captivité de Babylone, il n'en est pas un qui n'ait fait éclater ses sentiments de douleur et d'espérance avec des accents si pathétiques et si majestueux, que nulle littérature humaine n'offre rien de supérieur, ni même d'égal. Quelle simplicité dans les paroles et quelle élévation dans les pensées ! quel charme d'innocence et de naïveté ! quelle grâce ingénue ! et en même temps quelle richesse d'images ! quelle force et quelle profondeur ! Jamais on n'a entendu des plaintes plus déchirantes, des cris d'angoisse plus sympathiques, des gémissements qui saisissent l'âme d'une émotion plus vive et plus intime ! ce langage à la fois doux, tendre et terrible, ces prophéties vérifiées par l'événement, avaient frappé les Juifs d'un coup si sensible que la captivité de Babylone est restée parmi eux comme l'expression d'un châtiment et d'une misère incomparable.

J'ai dit que les Juifs étaient non seulement malheureux à Jérusalem, mais encore les musulmans les détestent et les méprisent.

A l'exception d'une rue étroite et longue, bordée de bazars assez mesquins, et qui aboutit à la *Porte-Judiciaire*, leur quartier n'est qu'un assemblage de ruelles tortueuses et sans pavés.

Quiconque veut observer de près ce peuple étrange, doit se rendre au pied du mont Moriah, à l'ouest du Temple, dans une des vieilles rues de Jérusalem. Il y a là un vieux mur qui d'après la tradition juive aurait appartenu à l'enceinte extérieure du Temple de Salomon. On l'appelle le *Mur des Lamentations*.

C'est en ce lieu que, tous les vendredis, depuis midi jusqu'au soir, les Juifs s'assemblent pour pleurer la ruine du Temple et les malheurs de leur patrie. C'est un usage qui remonte à la plus haute antiquité, puisque saint Jérôme en parle dans ses lettres.

Il y a là toute une foule, hommes et femmes, enfants et vieillards, race flétrie et dégradée, mais belle encore, et montrant çà et là des types superbes de sa noblesse native. Ils y viennent dans leurs costumes de fêtes ; celui des hommes est indécis et cosmopolite, moitié européen, moitié oriental. Celui des femmes a gardé sa physionomie biblique. Quand l'assemblée est réunie en face de la muraille salomonienne, un grand silence se fait, puis un vieillard s'avance et, debout, à demi tourné vers la muraille, d'une voix que les sanglots semblent étouffer, il lit devant tous les grandes Lamentations du Prophète.

De temps en temps, le lecteur s'arrête, et une sorte de nénie lente et douloureuse, partie de toutes ces poitrines, remplit l'air de sa mélopée traînante, et devient ainsi comme le chœur solennel qui, tour-à-tour, accompagne et suspend le récit. Pendant ce temps les femmes prosternées frappent leurs poitrines et souillent leur front dans la poussière.

Rien n'a pu adoucir, dans le cœur des Juifs, l'amertume de la patrie perdue. Ils portent en tous lieux le deuil de Jérusalem.

On a voulu faire mentir les Prophètes, reconstruire une nationalité juive, restaurer le royaume de David et ranimer Jérusalem. Jérémie, cependant, a dit à la Judée, au nom de l'Éternel : « Je jure que je ferai de toi une solitude, et que tes villes seront désertes. » L'histoire ne lui a que trop donné raison. Frappé au cœur par Titus et par Sévère, le peuple juif ne s'est pas relevé.

Ce serait peut-être ici le lieu de parler du Juif-Errant qui, d'après la légende, se nommait Ahasvérus et habitait proche du palais de Pilate.

Quand le Sauveur, portant sa croix, passa devant la porte d'Ahasvérus, il s'arrêta pour se reposer un peu ; mais celui-ci le repoussa en disant : *Avance, et marche plus vite.* JÉSUS lui aurait répondu: *J'irai et toi aussi tu marcheras jusqu'à ce que je revienne.* Depuis lors, Ahasvérus est errant dans le monde, et sa course ne finira qu'au dernier jugement.

Ahasvérus est la personnification légen-
daire du peuple juif, toujours errant à
travers les nations, et ne pouvant trouver
une patrie depuis sa dispersion définitive.
Les vieux peuples d'avant le Calvaire ont
disparu. Seule, la race d'Israël demeure
vivante et indestructible. Elle a deux missions à remplir : porter dans sa vie le châtiment du déicide, et dans ses livres la divinité
du Christianisme.

CHAPITRE NEUVIÈME.

Les Patriarches martyrs. — Mgr Valerga. — Mgr Bracco, Patriarche de Jérusalem. — Les Grecs Schismatiques. — Les Arméniens. — Les Cophtes. — Les Abyssins. — Les Syriens. — Les Protestants. — Les Grecs Unis. — Les Arméniens Catholiques. — Imprimerie Franciscaine. — Les Dames de Sion. — Les Carmélites. — Les Sœurs de Saint-Joseph-de-l'Apparition. — Les Prémontrés. — Les Trinitaires déchaussés. — Un Hospice français.

LORSQUE le Christianisme, vainqueur de l'Idolâtrie par trois siècles de martyre, entra solennellement dans le monde par la conversion de Constantin, Jérusalem et tous les Lieux-Saints participèrent à ce triomphe plus qu'aucune autre province de l'Empire.

Jérusalem, théâtre de la Rédemption et du berceau du Christianisme, fut, dès le principe, le siége de l'un des quatre grands Patriarcats d'Orient. L'Église naissante y fut

illustrée par le glorieux martyre de saint
Étienne, par celui de l'apôtre saint Jacques-
le-Mineur, premier évêque de Jérusalem,
et par saint Cyrille.

Après une sanglante passion de trois
cents ans, le Christianisme entrait dans sa
gloire. Bethléem, Nazareth, le Thabor, le
Calvaire, reçurent leurs nobles basiliques
constantiniennes. Dieu accomplissait la pro-
phétie de David : il couronnait la terre
d'une couronne de bénédiction.

Mais le Schisme grec vint flétrir toutes
ces beautés, éteindre cette puissante vitalité
catholique. Les églises furent ruinées et
l'étendard de Mahomet fut arboré sur le
Moriah, en face du Calvaire humilié et
profané.

Installer un Patriarche à Jérusalem, après
un interrègne séculaire, c'était chose délicate sans doute, car de l'avis de tous, le
Patriarche latin est l'homme éminent de
Jérusalem, et l'un des hommes les plus
considérables d'Orient [1].

Pie IX, attentif à tous les besoins de la
chrétienté, et dont la main souveraine a
relevé les Sièges antiques des Patriarcats,
rétablit celui de Jérusalem en l'année 1847,

---

1. Le dernier Patriarche avait été Mgr Nicolas, enseveli
dans la mer devant St-Jean-d'Acre, en 1292.

en conférant cette dignité à Mgr Valerga (1). Jusqu'à l'arrivée du Patriarche, la juridiction ecclésiastique était tout entière aux mains du Révérendissime Père Custode de Terre-Sainte. Elle a dû passer au représentant direct du Saint-Siège.

Mgr Valerga, Génois d'origine, arriva à Jérusalem avec toute la pauvreté apostolique; sans maison, sans Clergé, sans Séminaire et sans église ; avec un traitement de Rome assez léger et une subvention modique de la Propagande; mais tout réussit au zèle de la charité ingénieuse. La maison patriarcale s'est élevée comme par enchantement, modeste sans doute, mais convenable et digne. Elle est située dans la partie haute de la ville, sur le mont Sion, à peu de distance de la Tour-de-David. C'est une construction assez vaste, de forme carrée, mais dont la simplicité contraste d'une manière frappante avec le luxe et la splendeur du palais du Patriarche arménien. Du haut des terrasses on a une vue magnifique ; tout Jérusalem se développe en s'abaissant devant votre regard. En face est le mont Olivet.

A peine installé, Mgr Valerga s'occupa à former un Clergé indigène; il fonda, dans ce but, un Séminaire à Beith-Djalla, dans le

---

1. Monseigneur Valerga est décédé le 2 décembre 1872.

voisinage de Bethléem. Les élèves du clergé indigène vivaient autrefois dans le Liban, chez les Pères Jésuites de Ghazir. Un certain nombre de paroisses rurales furent pourvues de curés, et c'est une douce surprise pour le pèlerin de voir, au milieu des campagnes palestiniennes, la modeste église de village surmontée de son clocher et de sa croix latine. Cela rappelle la patrie absente.

Mgr Valerga était un savant et un apôtre ; il connaissait l'Orient comme peu d'Européens l'ont connu. Il avait parcouru en missionnaire les vastes provinces de l'Asie jusqu'au-delà de l'Euphrate ; comme saint Paul, il était tombé deux fois entre les mains des infidèles, sans que rien ait pu jamais arrêter ses courses saintement aventureuses [1] ; il possédait à fond les langues orientales, il en parlait les idiomes familiers ; il en avait pénétré la politique somnolente, il avait étu-

---

1. On raconte qu'un jour le prélat s'était avancé seul et un peu témérairement peut-être, dans des défilés suspects ; il montait ce jour-là une jument de Bagdad, d'une race fameuse entre toutes : elle descendait, dit-on, de la célèbre *El-Borack*, monture préférée du Prophète. Les Bédouins avaient établi une garde autour du Patriarche. Ils épiaient l'occasion. Cette fois l'occasion était bonne : le défilé fut clos et gardé à ses deux extrémités ; cinq ou six Arabes, bien armés, descendirent des montagnes : le Patriarche fut entouré, le cheval saisi. Le secours était loin, et le cheval si beau que toute capitulation devenait impossible. Le Patriarche le comprit, mit pied à terre, jeta un regard d'adieu et de regret sur la belle *Fatina*, et reprit à pied le chemin

dié les secrets de sa civilisation intime ; et lui-même, par la dignité de sa vie et la noblesse de sa personne, avait conquis tous les respects et entraîné toutes les sympathies.

Mgr Valerga mort, le Saint-Père ne pouvait lui donner un plus digne successeur que Mgr Bracco, Patriarche latin de Jérusalem. Ce choix est la juste récompense des longs et nombreux services que Mgr Bracco a déjà rendus à l'Église.

Mgr Vincenzo Bracco est né à Torrazza, diocèse d'Albenga (Italie) le 14 septembre 1835. A peine ses études ecclésiastiques terminées au séminaire de Gênes, celui qui devait devenir le Patriarche de Jérusalem fut envoyé, dès 1860 en mission en Terre-Sainte, sur la demande de Mgr Valerga lui-même.

Successivement professeur de philosophie, puis directeur du Séminaire de Jérusalem, il

---

de Jérusalem. Un jeune Bédouin, s'approchant de lui : « Seigneur, lui dit-il, nous ne souffrirons pas qu'un homme de ta dignité s'expose aux fatigues d'un rude voyage. Nous avons pris ton cheval, excuse-nous, nous en avions besoin... Mais prends du moins celui-ci en échange ; il ne vaut pas le tien, mais il est bon. Maintenant va-t-en ; Dieu est grand ! qu'il te garde. » Deux hommes se détachèrent de la petite troupe et servirent d'escorte au prélat jusqu'à l'entrée de la plaine, où cesse tout danger. A la troisième rencontre, le Patriarche aurait fini par n'avoir plus qu'un âne entre les jambes pour rentrer à Jérusalem... et ce n'était pas le Dimanche des Rameaux.

déploya dans ces deux situations des talents si remarquables, qu'en 1866 il était nommé Vicaire général, et la même année le voyait, à *trente ans*, élevé à la dignité épiscopale, avec le titre d'Évêque *in partibus* de Magida.

Appelé, par ses fonctions et aussi par la confiance que lui témoignait le Patriarche, à remplacer Mgr Valerga dans bien des circonstances, notamment à l'époque du Concile de Rome, Mgr Bracco se trouvait désigné au choix de Pie IX.

Il fallait, en effet, à Jérusalem un esprit assez distingué pour être le successeur de Mgr Valerga, un homme ayant pratiqué les hommes et les choses de Terre-Sainte, et enfin une âme digne de la haute mission que le catholicisme lui confie au berceau même de sa religion. Ce n'était pas tout : à côté des intérêts spirituels considérables si fréquemment en présence, surtout dans la Ville Sainte, on devait désirer à Jérusalem, une intelligence de premier ordre pour continuer la grande œuvre de Mgr Valerga. La France elle-même, que de si chers intérêts attachent au Patriarcat latin de Terre-Sainte, par un protectorat plus que jamais nécessaire, ne pouvait rester indifférente au choix du Patriarche.

C'est à la satisfaction générale que tous ces

vœux ont été exaucés, et si la catholicité possède à Jérusalem un représentant dont le passé affirme l'avenir, les sympathies françaises sont assurées de trouver un zélé concours dans la personne de Mgr Bracco. (A. R.)

On trouve à Jérusalem des représentants de presque toutes les communions chrétiennes.

Voici d'après leur ordre d'importance, les principaux dignitaires ecclésiastiques, actuellement résidents :

Un Patriarche latin [1];

---

[1]. Le Diocèse Latin de Jérusalem compte environ huit mille catholiques de ce Rite ; il possède, outre ses deux cent cinquante religieux les prêtres séculiers dont les noms suivent :

Missionnaires du Patriarcat de Jérusalem.

Français : MM. Morétain, chanoine ; Poyet, protonotaire apostolique, chanoine ; Coderc, chanoine, chancelier ; Leconte, chanoine ; Joly, chanoine ; Bost, Legrand, Monier.

Italiens : MM. Belloni, chanoine ; Felice Valerga, chanoine ; Appodia, chanoine ; Gatti, Maccagno, Piccardo, Bandoli, Navoni, Villanis, Piperin, Sanino, Barberis.

Indigènes : MM. Cirilli, chanoine ; Morcos, chanoine ; Tannus, chanoine ; Salatowich, chanoine ; Zaccaria, chanoine ; Branco, chanoine ; Kajabegow, Izaac, Sareno, Rezk, Cesare, Khalil, Schiha, Damian, Sondah, Auad.

Des six chanoines indigènes il n'y a que MM. Morcos et Tannus qui soient arabes ; les quatre autres sont de Chypre ; M. Kajabegow est géorgien.

Communautés religieuses.

Franciscains, à Jérusalem, Bethléem, Saint-Jean-in-Montana, Jaffa-de-Judée, Ramleh, Nazareth, Acre, — à peu près deux cents religieux.

Le Révérendissime Père Custode de Terre-Sainte ;

Un Vicaire du Patriarche Melchite.

Un Patriarche Grec schismatique et plusieurs Évêques.

Un Patriarche arménien et plusieurs Évêques ;

Un Évêque Cophte ;

Un Évêque Syrien ;

Un Évêque protestant ;

Un Grand-Rabbin pour les Israélites ;

Carmes Déchaussés, sur la sainte montagne du Carmel en Galilée, environ trente religieux.

Religieux Missionnaires d'Afrique, établis à Sainte-Anne de Jérusalem en octobre 1878, trois religieux et un frère laïque.

Religieux du Sacré-Cœur de Betharram, établis à Bethléem, — trois religieux et un frère laïque.

Frères des Écoles-Chrétiennes, ont un magnifique établissement bâti à côté du Patriarcat, — sept frères, deux cents élèves.

A cette liste nous pouvons ajouter la statistique des *Missions patriarcales*.

Beitjalla, près Bethléem, fondée en 1854 — 600 catholiques. — C'est à Beitjalla que se trouve le Séminaire patriarcal fondé par Mgr Valerga, vingt-quatre élèves.

Gifneh, fondée en 1855, avec église et maison bâties par M. le Chancelier Coderc, qui a tenu cette Mission pendant six ans. — 130 catholiques.

Birzeth, fondée en 1858 par le même, qui l'a tenue pendant dix ans, conjointement avec Gifneh, et y a aussi bâti une église gothique moins belle que celle de Gifneh. — 140 catholiques.

Ramallah, fondée en 1857, avec chapelle et maison provisoires. — 220 catholiques très inconstants.

Et les Musulmans ont un Cheikh, un Khatib, des Imans, des Muezzins et des Cayims.

Les *Grecs Schismatiques*, au nombre d'environ deux mille, ont un magnifique couvent, un Patriarche, plusieurs Évêques et une cinquantaine de religieux. Plusieurs fois ces Grecs se sont réconciliés avec Rome, et toujours ils sont revenus à leurs anciennes erreurs, rejetant la suprématie du Pape et l'article du Symbole où il est établi que le Saint-Esprit « *procède du Père et du Fils.* » Ils ont à Jérusalem dix couvents d'hommes et trois couvents de femmes. Ces couvents

---

Bethzahour, fondée en 1858, avec maison et chapelle provisoires. — 100 catholiques. — C'est l'ancien village des pasteurs.

Taibeh, fondée en 1860, avec église et maison pour les Missionnaires. — 150 catholiques.

Naplouse (l'ancienne Sichem), fondée en 1862, avec maison et chapelle provisoires. — 70 catholiques.— Cette ville est habitée par vingt-mille Musulmans fanatiques et six cents Grecs de la pire espèce, n'ayant de chrétien que le baptême.

Jaffa-de-Galilée, fondée en 1866, avec maison et chapelle provisoires. — 110 catholiques.

Salt (ancienne Ramoth de Galaad), fondée en 1867, église et maison commencées. — 800 catholiques.

Rememin, fondée en 1872, église et maison commencées. — 113 catholiques.

Feheis, fondée en 1874, maison et église commencées. — 150 catholiques.

Karac (ancienne Petra), fondée en 1875. Nous n'avons encore rien bâti, difficultés immenses. — 300 catholiques.

Reineh, fondée en 1877 ; encore rien bâti. — 70 catholiques.

reçoivent chaque année, au moment de la Pâque, un grand nombre de pèlerins, qui se rendent processionnellement au Jourdain et à la Mer-Morte. Un de ces évêques grecs porte le nom d'*Évêque de Feu* (1).

Le clergé grec de Jérusalem exploite on ne peut mieux la crédulité de ses fidèles. Il n'arrive pas dans la Ville Sainte un Grec de quelque importance, que des notes complètes et très détaillées n'aient été envoyées à l'avance. Rien n'est oublié ; ni les circonstances de famille, ni la position, ni le caractère, ni la fortune, par suite on traite le pèlerin en conséquence. Une des spécialités les plus avantageuses de ce petit commerce du couvent grec, c'est la vente de certaines places en paradis. Ces bons moines grecs ont insinué à une foule d'honnêtes gens que le ciel était divisé en stalles numérotées : ils ne se contentent pas de promettre une entrée, ils réservent la place. Un brave négociant de Smyrne a

---

1. On lui donne le nom d'*Évêque de Feu*, voici pourquoi: chaque année, dans l'après-midi du Samedi-Saint, les Grecs se réunissent autour du Saint-Sépulcre ; l'évêque pénètre dans l'intérieur avec un cierge éteint, il reste enfermé quelques instants, puis il ressort, tenant à la main le cierge allumé par un feu miraculeux qui descend du Ciel à sa voix. L'évêque communique ce feu aux assistants, qui se répandent immédiatement par la ville, avec des cris, des chants et des danses qui rappellent, par leur violence et leur désordre, certaines scènes saturnales antiques.

déjà payé vingt mille piastres pour être dans le voisinage de saint Georges, son glorieux patron.

Les *Arméniens* occupent tout un quartier de Jérusalem. Convertis par saint Grégoire-l'*Illuminateur*, ils embrassèrent bientôt l'hérésie d'Eutychés, qui n'admet qu'une seule nature en JÉSUS-CHRIST. Ils ont des docteurs qui sont, de leur part, l'objet d'un respect profond. Le docteur parle assis, et porte une crosse comme celle du patriarche.

Le couvent des Arméniens situé sur le mont Sion est un véritable palais : il communique avec un hospice immense, où des chambres sans nombre attendent les pèlerins de la nation. Les moines arméniens ne louent pas les chambres de leur couvent ; ils les vendent. On achète à *perpétuité* une cellule dans laquelle on couche trois ou quatre jours : on part, la cellule est revendue à un nouvel arrivant, et ainsi de suite indéfiniment. Les pèlerins savent très bien cela : mais il faut que tout le monde vive !

Les *Cophtes*, en très petit nombre, sont des chrétiens d'Égypte, qui ont un évêque à Jérusalem et relèvent du Patriarche d'Alexandrie, lequel est toujours choisi parmi les moines du couvent de Saint-Macaire. Ils tombèrent dans l'erreur d'Eutychés. Ils se retirèrent ensuite dans la Haute-Égypte, où les Musulmans les trouvèrent à la fin du VIIe siècle. Leur liturgie a été traduite du cophte qui ne se parle plus, en arabe vulgaire. L'épître et l'évangile se disent dans les deux langues. Ils n'ont pas de cloches ; ils appellent à la prière en frappant sur une planche avec un bâton. Rien de plus misérable et de plus pauvre que leur couvent et leur chapelle.

Les *Abyssins* ont une origine à peu près commune avec les Cophtes, dont ils partagent aussi l'erreur ; ils vivent dans le même couvent, prient pour les morts, ont un grand respect pour leurs saints et un culte pieux pour la Vierge. Dans l'enclos même du couvent, les religieux abyssins vous montrent le tertre qu'Abraham avait choisi pour être l'autel du sacrifice de son fils.

Les *Syriens*, secte sans importance, ont une petite chapelle au Saint-Sépulcre ; on n'est pas parvenu à déraciner de leur cœur l'antique hérésie de Nestorius.

Les *Protestants* ont aussi un évêque à Jérusalem. La mission protestante n'a pas converti beaucoup d'*infidèles* au Christianisme ; elle a seulement enlevé aux catholiques quelques croyants douteux. Je ne sais si c'est pour mieux trouver le CHRIST que les protestants n'ont pas même un sanctuaire au Saint-Sépulcre ? En revanche, ils ont bâti, sur le mont Sion, sur l'emplacement du palais d'Hérode, une église sur le modèle de l'architecture anglaise.

Les *Grecs Unis*, qui sont demeurés en communion avec le Saint-Siège, ont à Jérusalem un curé, qui est aussi vicaire du Patriarche [1]. Ces Grecs sont honnêtes et bons, mais pauvres, peu nombreux et peu influents.

En remontant la Voie-Douloureuse on trouve à droite l'hospice autrichien; en face, les *Arméniens catholiques* ont un petit sanctuaire desservi par des prêtres de leur nation.

Les *Pères Franciscains* de Terre-Sainte dont j'ai déjà parlé, ont deux couvents à Jérusalem : celui du Saint-Sépulcre et celui de Saint-Sauveur. Ce dernier, situé autrefois sur le mont Sion, est aujourd'hui à deux ou trois cents pas de la maison patriarcale, vers le Nord-Est, et au milieu du quartier chrétien. Il occupe les deux côtés parallèles d'une même rue et ses parties communiquent entre elles par un arceau. Les bons Pères ont réuni autour de leur maison et de leur église des ateliers et des laboratoires

---

1. Le Patriarche Melchite ou Grec Uni, réside habituellement à Damas.

de toute espèce, où ils forment d'excellents ouvriers dans les différents arts mécaniques. On admire surtout leur grande et belle imprimerie Latine-Italienne-Arabe. Les caractères arabes de cette imprimerie sont fondus dans un des ateliers de leur couvent, sous la direction d'un religieux. Outre ce ministère d'instruction et d'éducation religieuse, les Pères Franciscains de Jérusalem nourrissent plus de soixante-dix familles pauvres, et font bénir par les malheureux, dont ils sont les soutiens, la religion qui les a faits ses ministres.

Mais voici l'Œuvre catholique de Jérusalem par excellence, c'est le magnifique couvent des religieuses dites *Dames de Sion*, couvent dans lequel se trouve l'arcade de l'*Ecce-Homo*. Cette arcade, avec la partie du palais qui était attenante, est aujourd'hui entre les mains des Catholiques, grâce au zèle de M. l'abbé Alphonse Ratisbonne, fondateur des Dames de Sion. Cette institution a pour but la conversion des Israélites.

Les Dames de Sion tiennent une école et un pensionnat où sont élevées plusieurs jeunes Libanaises échappées aux massacres des Druses.

Pendant la cérémonie de la bénédiction

du Très Saint Sacrement, les religieuses ont un usage particulier. Elles chantent, à trois reprises, sur un mode grave, solennel et doux, ces paroles de Jésus mourant : *Pater dimitte illis, nesciunt enim quod faciunt !* C'est une prière pour les Israélites ; et chantée sur le théâtre du déicide, en présence de Jésus-Christ, par des voix pures et émues, cette prière a quelque chose d'inexprimable. Il semble que l'on entend encore cette plainte du Calvaire si mélodieusement suppliante : *Mon père, pardonnez-leur, parce qu'ils ne savent pas ce qu'ils font !*

Comme on l'a vu dans la note page 94, un monastère de Carmélites est bâti sur le lieu qui est appelé: *L'Oraison-Dominicale,* ou *Pater-Noster.*

Les religieuses de *Saint-Joseph de l'Apparition* dirigent une école de filles et un hôpital. L'école et l'hôpital sont situés près du mont Sion. Ces bonnes sœurs sont à Jérusalem comme on les voit partout, répandant autour d'elles le parfum des vertus chrétiennes et les œuvres admirables de la charité [1]. Un hospice en France a toujours

1. Les Sœurs de *St-Joseph-de-l'Apparition* ont une maison de leur Ordre à Jaffa. Elles renouvellent dans cette ville le spectacle des vertus cachées de la Sainte Famille et de la charité des pieuses femmes de l'Évangile. Ces religieuses instruisent, indistinctement, les jeunes filles de toutes nations ; leurs écoles sont composées d'enfants

quelque chose de triste, car c'est l'asile de la souffrance et de la misère. Celui de Jérusalem est très petit, mais a la physionomie de la maison paternelle, et les pèlerins malades y trouvent, pour les soigner, les anges de la charité française (1).

---

appartenant aux Latins, aux Maronites et Grecs-unis, Grecs-schismatiques, Arméniens-schismatiques, Musulmans, Juifs et même des enfants trouvés. Les bonnes sœurs ont un regret; c'est de ne pouvoir en prendre davantage; car on leur en propose à tout instant, qu'elles sont obligées de refuser, leurs ressources étant très restreintes et le local très petit.

Là ne se borne pas leur charité, car les sœurs de *St-Joseph de l'Apparition* ne se contentent pas d'éclairer les jeunes intelligences et d'élever les âmes, elles s'appliquent également à soulager les infirmités du corps. Tous les jours leur dispensaire se remplit de malades qui viennent demander des conseils et des remèdes. Les sœurs traitent non seulement les malades de Jaffa, mais encore ceux qui viennent les consulter de quinze à vingt lieues à la ronde. Le nombre des malades dont les infirmités réclament des soins plus assidus est parfois si considérable, que les sœurs ont la douleur et le regret, bien des fois, faute de logement, de les envoyer à l'hôpital protestant ou prussien. Un hôpital à Jaffa est de toute urgence et de toute nécessité. L'argent manque. Nous faisons donc un appel chaleureux aux âmes charitables en faveur d'une œuvre si avantageuse à la gloire de Dieu et au salut des âmes. La construction d'un hôpital à Jaffa est une œuvre chère au cœur paternel de Sa Grandeur Monseigneur le Patriarche qui a bien voulu l'approuver et la recommander.

1. Un prêtre français, un saint missionnaire, Monsieur l'abbé Albouy, chevalier du Saint-Sépulcre, et qu'on trouve partout où il y a une œuvre à créer, a, après plusieurs voyages faits aux Saints-Lieux, adressé la lettre suivante à Sa Grandeur Monseigneur le Patriarche de Jérusalem, lequel y a répondu par une approbation des plus encourageantes.

Allez! filles de sainte Thérèse, filles de saint Vincent, Dames de Sion, Sœurs de saint Joseph, par votre influence régénératrice vous relèverez l'Orient. Attaquez-vous courageusement aux misères de Jérusalem, travaillez tout d'abord à la régénération des femmes. La pudeur des femmes est le premier trésor d'une nation ; les races qui sauvent un pays sont toujours conçues dans des entrailles chastes.

En Orient, ce n'est pas assez de faire le bien, il faut encore se faire pardonner le bien qu'on fait.

Le R^me P. Dom Edmond, Abbé mitré des Chanoines Prémontrés de l'Étroite Observance de France, a soumis au Saint-Père le

Jérusalem, avril 1874.

MONSEIGNEUR,

Durant mes voyages en Terre-Sainte, j'ai cherché à connaître par quelles œuvres on pourrait aider l'action du ministère catholique dans la Palestine. Il m'a été facile de de me convaincre que deux établissements importants manquent à la Ville Sainte : le premier, destiné à recueillir les malades ; le second, pour abriter les pèlerins qu'une ardeur communicative amène chaque année plus nombreux de notre patrie dans la Ville Sainte.

L'hôpital catholique de Jérusalem languit depuis de longues années dans un provisoire d'où vos modestes ressources, Monseigneur, ne sauraient, malgré votre zèle, le retirer.

Un hospice français ! Qui ne s'attriste en visitant Jérusalem de voir qu'un établissement de ce genre fait défaut à la nation protectrice des Lieux-Saints, tandis que d'autres puissances se glorifient, à bon droit, d'être plus favorisées.

Les âmes de bonne volonté sont pourtant bien nom-

projet de fonder à Jérusalem un monastère de son Ordre. Sa Sainteté a béni ce projet. Il ne fera que renouer la chaîne des traditions des fils de saint Norbert, qui ont eu plu-

breuses en France et dans les pays catholiques. Je me présente pour aller à leur recherche, me faisant fort d'en obtenir, avec l'aide de Dieu, tous les secours nécessaires à la construction de ces deux établissements si importants.

Dans ce but là formation d'un comité me fait espérer le succès le plus complet de cette entreprise.

Vous daignerez, Monseigneur, la recommander au zèle catholique, en lui donnant votre paternelle bénédiction.

... ...

Veuillez agréer, Monseigneur, l'hommage du profond respect avec lequel j'ai l'honneur d'être

De Votre Grandeur,

Le serviteur très humble et très obéissant,

A. ALBOUY,

Missionnaire, chevalier du St-Sépulcre.

Approbation.

Nous reconnaissons le besoin à Jérusalem d'un édifice destiné à recevoir les malades actuellement placés dans un local peu convenable ; et vu le nombre des pèlerins toujours augmentant, Nous croyons indispensable l'accroissement des hospices destinés à les recevoir.

C'est pourquoi nous ne pouvons trop recommander le projet ci-dessus énoncé, auquel nous donnons de grand cœur notre bénédiction, priant le Seigneur de le mener à bonne fin.

Jérusalem, de notre résidence patriarcale, le 8 avril 1874.

✠ VINCENT, Patriarche de Jérusalem.

Par mandement de S. G.

CODERC, Secrétaire.

Nous sommes à même de pouvoir annoncer qu'un terrain destiné à l'hospice français, vient d'être acquis à Jérusalem au prix de trente mille francs. C'est une bonne nouvelle, une garantie de succès, saluons cette aurore et remercions Dieu, *Benedictus Deus in donis suis.*

sieurs monastères en Palestine pendant la durée du royaume latin, de 1099 à 1187.

Enfin sous peu, le R. P. Calixte, qui depuis quelques années a ramené en France les *Trinitaires Déchaussés*, espère établir une maison de son Ordre, non loin de Jérusalem dans un sanctuaire datant des croisades, que le Gouvernement turc vient de céder à la France (1).

---

1. L'Ordre de la Très-Sainte-Trinité, qui a rendu de si grands services à l'Église et à l'humanité, en rachetant au prix de sacrifices héroïques plus de 900, 000 captifs, a eu pour fondateur saint Jean de Matha, issu d'une noble famille, à Faucon près Barcelonnette (Basses Alpes), en 1160. Il se distingua, dès son enfance, par une tendre dévotion pour les pauvres et les prisonniers. Il fut le modèle des étudiants à Aix, puis à l'université de Paris. Élevé au grade de Docteur, puis au sacerdoce, il eut pendant sa première messe, célébrée dans la chapelle de l'évêché de Paris, la vision céleste d'un ange éblouissant de lumière, revêtu d'un habit blanc et d'une croix bleue et rouge sur la poitrine. L'ange tenait ses bras étendus sur deux captifs chargés de chaînes, dont l'un était blanc et chrétien, et l'autre noir et infidèle. Obéissant à la voix de Dieu, Jean de Matha se retira dans une solitude aux environs de Paris, afin de méditer sur les moyens à prendre pour la réalisation de l'œuvre du rachat des captifs. Il y trouva saint Félix de Valois, prince du sang royal de France, qui, après avoir renoncé de bonne heure aux délices de la cour, menait dans le désert une vie plutôt angélique qu'humaine. Ces deux Saints, s'entretenant un jour au bord d'une fontaine, et au lieu même où fut depuis bâti le célèbre couvent de Cerfroid, virent venir à eux un cerf qui portait dans son bois une croix bleue et rouge. Ils se rendirent bientôt à Rome où le pape Innocent III, favorisé lui-même de la vision que saint Jean de Matha avait eue à Paris, approuva la fondation de l'Ordre de la Très-Sainte-Trinité pour la Rédemption des Captifs et donna aux deux fondateurs un habit semblable à celui dont l'ange était

On voit par ce rapide exposé que le catholicisme n'est pas éteint dans l'antique cité qui fut son berceau. Il y fleurit au contraire avec énergie. Il est vrai que les catholiques n'y sont pas nombreux, mais leurs œuvres sont pleines de sève, de jeunesse et de vie. L'apostolat se propage, la lumière se fait, l'avenir se prépare. Si, un jour, les apôtres de l'extrême Orient, après

revêtu. Tandis que saint Félix, de retour en France, formait à Cerfroid de nombreux sujets à la vie religieuse, saint Jean fit lui-même plusieurs rachats sur les côtes de Barbarie et en Espagne. Il délivra un grand nombre d'esclaves et mourut à Rome en 1213. Saint Félix était mort dès l'an 1212 à Cerfroid. Il est raconté dans la vie de ce Saint que, peu de mois avant sa mort, la très sainte Vierge qu'il honorait d'un culte spécial d'amour et de dévouement, daigna lui apparaître, le 8 septembre, dans le chœur de l'église de Cerfroid, et chanter avec lui l'office de minuit, étant revêtue, ainsi que les Anges qui l'accompagnaient du Scapulaire de l'Ordre, avec la croix bleue et rouge. L'Ordre de la Très-Sainte-Trinité comptait déjà vers le milieu du XVIIe siècle plus de 7,000 martyrs. Cet Ordre a été rétabli en France depuis quelques années, à Faucon, patrie de saint Jean de Matha, et maintenant les Trinitaires français tâchent de relever de ses ruines le couvent de Cerfroid qui a été le berceau de l'Institut, le séjour des deux fondateurs et le lieu de la sépulture de saint Félix de Valois.

Il a plu à Dieu de faire cesser l'esclavage sur les côtes de Barbarie ; mais il s'est perpétué ailleurs. De nos jours encore on voit exposés sur les marchés d'Orient de pauvres enfants vendus par leurs propres parents ou arrachés violemment au foyer domestique par de féroces trafiquants de chair humaine. On peut lire dans *Les Fleurs du Désert*, le récit abrégé mais lamentable des souffrances de ces victimes infortunées. Un excellent prêtre génois, Nicolas Olivieri, a fondé en 1838 une œuvre spéciale pour l'affranchissement et l'éducation des enfants nègres ; cette œuvre bénie du Ciel et favorisée par le Saint-Siège, a

avoir conquis la Chine, s'avancent vers l'Asie occidentale, en couvrant le Thibet et la Perse de la semence évangélique, ils trouveront les vieilles terres de Palestine et de Syrie déjà blanchies par la moisson, et après ce tour du monde, la croix latine triomphera sur le Calvaire. Alors s'accomplira la parole du prophète : *Monte sur la montagne sublime, et crie à tous les peuples de la terre : Voici votre Dieu !*

---

déjà eu les plus heureux résultats. Elle compte en ce moment divers établissements en Égypte, non loin du Caire, là où le climat peut convenir également aux Africains et aux Européens : mais pour continuer le bien déjà réalisé et le développer encore, il faut actuellement un bon nombre de sujets. Les Trinitaires français se sont dévoués à ce genre d'apostolat, et le Souverain-Pontife a hautement approuvé cette destination. Dès l'an 1855 Sa Sainteté avait accordé au R. P. Général de l'Ordre de la T.-S.-Trinité un rescrit par lequel Elle conférait à l'Œuvre du Rachat et de l'Éducation des Enfants nègres toutes les grâces et les privilèges accordés jadis à l'œuvre de la Rédemption des Captifs chrétiens. Dans le même rescrit, l'auguste Pontife exhortait les Évêques du monde entier à favoriser dans leurs diocèses l'Œuvre des Enfants nègres d'Afrique et à lui procurer des aumônes. Sa Sainteté a daigné donner au R. P. Calixte, lors de son voyage à Rome, les mêmes assurances de faveur et de protection. Un illustre Prélat français, Mgr Dupanloup, écrivait, il y a peu de temps : « J'ai toujours eu pour l'Ordre de la Très-Sainte-Trinité la plus vive sympathie, et je suis bien loin de croire qu'il n'ait plus de mission à remplir dans un siècle où l'horrible plaie de l'esclavage souille encore tant de contrées de la terre... l'Œuvre du Rachat des Enfants nègres en Orient est éminemment catholique. Elle me paraît venir merveilleusement en son temps aujourd'hui. »

CHAPITRE DIXIÈME.

Le 12 Octobre 1808. — Dôme du
Saint-Sépulcre. — La coupole. —
Les Croisés du XIᵉ siècle. — Gode-
froy de Bouillon. — Dieu le veut !
— Raymond et Baudouin. — Le
vendredi 15 Juin 1099. — Gode-
froy Baron du Saint-Sépulcre. —
Souscriptions. — Ordre des Cheva-
liers du Saint-Sépulcre.

A TRAVERS toutes les vicissitudes
de la victoire et de la défaite, de la
persécution et du triomphe, depuis les
croisés jusqu'au XIXᵉ siècle, l'église du
Saint-Sépulcre resta la même : l'entrée en
fut plus ou moins facilement accordée aux
chrétiens, mais on ne remua point une
seule de ses pierres.

Le mémorable incendie du 12 octobre
1808 fut plus cruel que les Perses et les
Turcs. Car le vaste dôme, qui domine la
splendide basilique, fut presque détruit.

« La journée du 12 octobre, dit un témoin oculaire, fut affreuse : le souvenir de
ce jour malheureux arrache un cri de douleur aux cœurs les plus indifférents. Les ca-

tholiques, les schismatiques, les hérétiques sont dans l'affliction ; les Orientaux, les Occidentaux pleurent ; les Juifs mêmes, versent des larmes. »

Le feu prit pendant la nuit du 11 au 12 octobre, dans la chapelle des Arméniens, située sur la terrasse de la grande église. Tous les secours furent inutiles. Bientôt le feu gagna le dôme, les orgues, les chapelles ; les poutres du Liban jettent une flamme éclatante ; les métaux précieux qui se fondent, retombent en feu liquide ; les pavés craquent, les colonnes se fendent. Au bout de deux heures, le dôme s'écroula au-dessus du Saint Sépulcre, entraînant les galeries, une partie des murs, et écrasant les colonnes et les chapelles qui l'entouraient. L'incendie épargna la façade : elle resta telle qu'on la voit aujourd'hui ; il épargna également la pierre de l'onction et le Saint Sépulcre, mais il s'étendit sur la moitié du Calvaire.

On attribua cet incendie à la malveillance : on soupçonna les Arméniens, on nomma les Grecs. Cet événement se rattachait à tout un système d'usurpations pratiqué par ces derniers, depuis de longues années. L'incendie n'était qu'une manœuvre pour atteindre leur but.

Les Franciscains, sans ressource, sans argent, sans crédit, pleuraient en face de leurs ruines. Les Grecs, instruments d'une main habile, savaient qu'ils ne se présenteraient pas en vain pour exécuter les réparations nécessaires ; c'était un moyen de faire valoir sur le monument des prétentions jusque-là combattues et repoussées. Ils réussirent dans leur projet.

Comme œuvre d'art, la restauration fut incomplète et grossière, mais elle prépara la revendication des Grecs en remplaçant dans la chapelle haute du Calvaire les inscriptions latines par des inscriptions grecques, qui, aux yeux des juges superficiels, font foi aujourd'hui de leur propriété antique.

La Coupole du St-Sépulcre, œuvre du XIe siècle, a été restaurée, en vertu d'une convention stipulée entre la France, la Sublime-Porte et la Russie. Cette reconstruction a été faite à frais communs aux trois puissances [1].

Pour comprendre les discussions entre les Grecs et les Latins, il faut se rappeler que les sanctuaires du Saint-Sépulcre sont desservis par différentes communions chrétiennes, ou, pour abréger, par les Grecs et les Latins.

1. Ces travaux commencés en l'année 1867 ont été finis en mai de l'année 1869.

Les Latins ont répandu leur or et surtout leur sang pour avoir le droit de prier en paix dans ces lieux : l'histoire et les traités l'attestent. Les Grecs ont successivement élevé des prétentions qui se sont traduites en actes et en habitudes, et qui s'étendent chaque jour d'une manière abusive et odieuse [1].

Avant l'incendie de 1808, au-dessous de la chapelle du Calvaire, non loin de la Pierre de l'Onction, on voyait deux tombeaux; c'étaient les sépultures de Godefroy de Bouillon et de son frère Baudouin.

Les souvenirs de la première croisade étaient là, toujours jeunes et victorieux, dans cette église du Saint-Sépulcre.

Grandeur de caractères, obstacles surmontés, victoires éclatantes remportées, succès définitif par la conquête de Jérusalem, tout est merveilleux dans cette croisade ; les annales de l'humanité n'offrent rien que l'on puisse mettre au-dessus.

Notre travail serait incomplet si nous ne parlions pas des croisés du onzième siècle à la tête desquels il faut placer Godefroy de Bouillon.

L'histoire de la première croisade, nous

---

1. On peut lire, à ce sujet, une excellente brochure de M. Eugène Boré, publiée sous ce titre : *Question des Lieux-Saints.*

a été transmise par une foule d'auteurs soit contemporains, soit même témoins oculaires de ce qu'ils racontent. Mais le plus éminent historien des Croisades, c'est Guillaume de Tyr.

Nul n'a décrit avec plus de détails et de vérité, d'une façon à la fois plus simple, plus grave et plus sensée, ces brillantes expéditions, les mœurs des croisés, les vicissitudes de leur sort, tous les incidents de cette grande aventure. Chrétien sincère et partageant du fond du cœur les croyances et les sentiments qui avaient poussé les chrétiens à la conquête de la Terre-Sainte, Guillaume raconte leurs triomphes ou leurs revers avec une joie ou une tristesse patriotique ; et assez éclairé cependant pour ne point s'abuser sur la marche des événements, il ne dissimule ni les vices ni les fautes des hommes, et les expose avec sincérité, sans jamais croire que la sainteté de la cause chrétienne en soit altérée, en sorte qu'on trouve à la fois dans son livre une conviction ferme et un jugement qui ne manque ni d'impartialité ni de droiture. On connaît aisément qu'il n'a pas comme tant d'autres passé en pèlerin sur les lieux où les événements se sont accomplis. On peut dire enfin de lui que, de son temps, nul n'a fait aussi bien [1]. »

---

1. *Mémoires relatifs à l'Histoire de France*, par Guizot.

Il faut suivre dans ces chroniques le récit du pèlerinage belliqueux où s'engagèrent les croisés du XIe siècle lorsque, s'ébranlant sous la parole de Pierre-l'Ermite et d'un Pape, ils partirent à ce cri enthousiaste : *Dieu le veut !* — Oui, un pape, un pape français, Urbain II, se tourna vers le peuple de Clovis et de Charlemagne ; il l'appelait aux armes pour délivrer le Tombeau de JÉSUS-CHRIST, il l'appelait par ce grand cri de guerre : *Dieu le veut !* Ce fut une secousse puissante, prodigieuse, comme un tremblement de terre de tout l'Occident. Peuple, chevaliers, barons, tous se levèrent. Et la France croisée et armée marcha vers l'Orient. Or, quand la France marche, il faut que le monde la suive. Le monde chrétien la suivit.

Un premier corps d'armée parvint sous les murs de Nicée, atteignit la Syrie, s'empara d'Antioche et marcha sur Jérusalem. « On était alors à la fin de mai ; les parures du printemps et les trésors de l'été couvraient les champs qui s'étendent entre la mer de Phénicie et les montagnes du Liban. Des moissons de froment et d'orge, des jujubiers et des grenadiers annonçaient la terre de promission; les eaux abondantes, les champs couverts de grands oliviers et de mûriers, les palmiers que les croisés trouvaient pour la première fois sur leurs chemins, toutes les richesses d'un sol fécond se déployaient sous les yeux d'une armée qui avait passé par les tristes aspects des régions stériles et qui avait connu les tourments de la faim. L'enthousiasme des guerriers de la Croix se ranimait à la vue de ce Liban dont l'Écriture avait vanté la gloire, et sans doute plus d'un pèlerin cherchait des yeux, dans ces montagnes, les aigles et les cèdres si fameux (1). »

Les croisés arrivèrent devant la Cité sainte le 7 juin 1099 ; ils en firent le siège qui dura cinq semaines. Il y eut là des luttes de géants.

Godefroy planta ses pavillons sur une esplanade qui s'étend vers le côté septentrional de la ville, presque en face de la porte de Damas. Tancrède dressa ses tentes à droite de Godefroy et par conséquent au nord-ouest, non loin du Golgotha ; à l'ouest, en face de la porte de Jaffa, Raymond de Toulouse établit son camp, dont il porta ensuite une partie sur le mont Sion, au midi de la ville, afin de concourir plus efficacement aux opérations du siège. Malgré qu'ils n'eussent aucune machine de guerre, mais seulement leur épée et leur audace pour

---

1. Michaud, *Histoire des Croisades.*

abbattre les remparts, les soldats chrétiens
voulurent livrer l'assaut. Néanmoins, il fallut recourir aux moyens ordinaires d'attaquer les places et faire le siège en règle.
On alla chercher au loin le bois pour cons-
truire des tours roulantes, des béliers et
des catapultes. C'est alors que les croisés
visitèrent la forêt de Saron, qui s'étendait
de Naplouse à Lydda, et où l'imagination
du Tasse a placé les enchantements d'Is-
mène ; mais, quoi qu'en dise le poète, les
chênes se défendirent mal, la hache pro-
saïque des croisés les renversa, et des cha-
meaux attelés à des chars transportèrent les
arbres magiques jusqu'à Jérusalem, comme
ils auraient fait d'un bois vulgaire. Une
chose plus difficile à vaincre que le charme
répandu sur la forêt du Saron, ce fut la sé-
cheresse. La chaleur était extrême, un soleil brûlant et le vent du midi tout chargé
de poussière embrasaient l'air et dessé-
chaient la terre. Le Cédron n'avait plus
d'eau ; la fontaine de Siloé ne coulait que
par intervalles et ne pouvait suffire ; l'enne-
mi avait comblé ou empoisonné les citernes ;
les nuits étaient sans rosée et sans fraîcheur.
Les chevaux, tristement étendus sur le sol
poudreux du camp, ne se dressaient plus au
bruit des clairons ; les bêtes de somme pé-
rissaient en foule ; les soldats n'avaient pour
étancher leur soif qu'un peu d'eau fangeuse

et fétide. Les souffrances étaient horribles [1].

Il y eut un moment d'hésitation et d'immobilité.

Tout à coup un cavalier gigantesque apparaît sur le mont des Oliviers, agitant un bouclier et donnant le signal pour entrer dans la ville. Godefroy et Raymond de Toulouse, qui l'aperçoivent en même temps, s'écrient que saint Georges vient au secours des chrétiens. Aussitôt ils prennent de nouvelles dispositions.

Le 14 juillet 1099, dès l'aurore, Godefroy, armé de toutes pièces, paraît sur sa tour, accompagné d'Eustache et de Baudouin du Bourg, et donne le signal de l'assaut. « Le premier choc des chrétiens fut terrible, mais partout la résistance fut énergique ; douze heures de combat ne purent décider la victoire. Une lutte désespérée s'engagea le lendemain. La tour de Godefroy, surmontée d'une brillante croix d'or, appelait la fureur et les efforts des musulmans. Les pierres, les poutres, les flèches, le feu, tout venait battre cette forteresse menaçante et frapper les guerriers qui la défendaient. Néanmoins, au milieu de la plus terrible décharge, elle

---

1. Raymond d'Agiles, dans Bougars, *Gesta Dei per Francos.*

put se mouvoir, avancer et jeter enfin son pont-levis sur la muraille. Godefroy passa, suivi des frères Engelbert, Lethalde de Tournay, de Baudouin, d'Eustache et de quelques chevaliers. Devant la lance et l'épée des croisés, les soldats du Coran reculèrent et furent renversés l'un sur l'autre par la marche impétueuse des Francs [1]. »

La Croix rentrait victorieuse à Jérusalem, le vendredi 15 juillet 1099 à trois heures de l'après-midi ; les historiens ont remarqué que c'était le jour de la semaine et l'heure où JÉSUS-CHRIST avait souffert la mort, en rachetant les hommes.

« Des flots de sang coulèrent bientôt dans les rues et le deuil s'y promena. Les croisés aigris et irrités par les souffrances et les pertes de la guerre, par la résistance éprouvée, oublièrent l'exemple et les leçons du divin Maître et souillèrent leur victoire par un horrible massacre. Il y eut un tel carnage que les vainqueurs eux-mêmes en furent émus et s'arrêtèrent d'horreur et de fatigue.»

Cependant, Godefroy, qui s'était contenté de vaincre, n'avait pas voulu mettre ses mains dans le sang. Il quitta ses compagnons et, suivi de trois serviteurs, se rendit sans armes et pieds-nus à l'église du Saint-

---

1. Albert d'Aix.

Sépulcre. Cet acte accompli par un prince si brave et si pieux, rappela les croisés à la modération et au but de leur noble entreprise.

A peine installés, les chefs de la croisade se réunirent pour nommer un roi et aviser au moyen de conserver leur conquête.

Le Comte de Flandre, l'un des vainqueurs de Nicée, de Dorylée et d'Antioche, se leva au milieu de l'assemblée, et parla en ces termes :

« Mes frères et mes compagnons,

« Nous sommes réunis pour traiter une affaire de la plus haute importance ; nous n'eûmes jamais plus besoin des conseils de la sagesse et de l'inspiration du Ciel. Dans les temps ordinaires, on désire toujours que l'autorité soit aux mains du plus habile ; à plus forte raison devons-nous chercher le plus digne pour gouverner ce royaume, qui est encore, en grande partie, au pouvoir des barbares.

« Le peuple nouveau, qui doit habiter cette terre, n'aura point, dans son voisinage, de peuples chrétiens qui puissent le secourir et le consoler dans ses disgrâces. Ses ennemis sont près de lui, — ses alliés sont au-delà des mers. Le roi que nous lui aurons donné sera son seul appui au milieu des périls qui l'environnent. Il faut donc que celui qui est appelé à gouverner ce pays ait toutes les qualités nécessaires pour s'y maintenir avec gloire ; il faut qu'il réunisse à la bravoure naturelle aux Francs, la tempérance, la foi, l'humanité ; car l'histoire nous l'apprend : c'est en vain qu'on triomphe par les armes, si on ne confie les fruits de la victoire à la sagesse et à la vertu.

« N'oublions pas, mes frères et mes compagnons, qu'il s'agit moins aujourd'hui de donner un roi qu'un fidèle gardien au royaume de Jérusalem. Celui que nous choisirons pour chef doit servir de père à tous ceux qui auront quitté leur patrie et leur famille, pour le service de JÉSUS-CHRIST et la défense des Saints-Lieux. Il doit faire fleurir la vertu sur cette terre où Dieu lui-même en a donné le modèle ; il doit ramener les infidèles à la religion chrétienne ; les accoutumer à nos mœurs, leur faire bénir nos lois.

« Ne croyez pas, mes frères et mes compagnons, que je parle ainsi parce que j'ambitionne la royauté, et que je recherche votre faveur et vos bonnes grâces. Non, — je n'ai point tant de présomption que d'aspirer à un tel honneur. Je prends le Ciel et les hommes à témoin que, lors même que vous voudriez me donner la couronne, je ne l'accepterais point. Ce que je viens de vous dire n'est que pour l'utilité et la gloire de vous. Je vous supplie, au reste, de recevoir ce conseil comme je vous le donne, avec affection, franchise et loyauté, et d'élire pour roi, celui qui, par sa vertu, sera le plus capable de conserver et d'étendre ce royaume, auquel sont attachés l'honneur de vos armes et la gloire de JÉSUS-CHRIST. »

Toutes les nobles idées issues du christianisme respirent dans ce discours : désintéressement personnel, modération dans le triomphe, sagesse dans le gouvernement, fraternité des peuples chrétiens, estime des bonnes mœurs et des bonnes lois, influence morale de la vertu pour la conquête des âmes. Un souverain d'aujourd'hui, qui ferait un tel discours, pourrait déplaire aux libres penseurs, mais la bonne civilisation et le véritable progrès n'auraient qu'à s'en louer.

Godefroy de Bouillon, le héros de la croisade, fut élu roi de Jérusalem, récompense noblement méritée par sa valeur et sa sagesse. Avant cette élévation, il subit sur sa vie privée, une enquête dont l'histoire a consigné l'honorable témoignage. Ses serviteurs, ayant été interrogés, rendirent un hommage éclatant à ses vertus domestiques ; ils ne lui firent qu'un seul reproche, que Guillaume de Tyr rapporte en ces termes : « Lorsque notre seigneur duc va à l'église, il y reste longtemps, même après les offices divins, et ne peut en être arraché. Il s'arrête devant chaque tableau, afin de s'en faire expliquer le sujet par les prêtres ou par les clercs. Il est si long et si absorbé dans cet examen, qu'il oublie l'heure du repas, et que les mets préparés pour sa table se refroidissent et perdent leur saveur. »

Heureux les peuples dont les souverains n'ont que ce défaut-là.

Après l'élection, les croisés menèrent leur nouveau roi à l'église de la Résurrection pour qu'il fût sacré solennellement. Mais il refusa le titre et les insignes. « Il ne voulut point porter une couronne d'or au milieu des monuments de la Passion et dans une ville où le Roi des rois avait porté une couronne d'épines, et il se fit appeler modestement *Baron du Saint-Sépulcre* [1]. C'est pourquoi quelques personnes qui n'ont pas su reconnaître le vrai mérite, ont hésité à inscrire Godefroy dans la liste des rois de Jérusalem. Pour nous, il nous paraît non seulement avoir été roi, mais encore le

1. Le premier diadème des rois de Jérusalem fut un diadème de fer. La cérémonie toujours solennelle du couronnement avait lieu près du Saint-Sépulcre, et le roi alors, couronne en tête et l'épée au flanc, s'avançait vers le Calvaire sur lequel il déposait les insignes de sa royauté nouvelle.

meilleur des rois, la lumière et le modèle de tous les autres [1]. »

Préoccupé de l'honneur dû à l'Éternel, il institua des Chanoines dans l'église du Saint-Sépulcre et y fit célébrer avec pompe l'office religieux.

On sait encore qu'il répondit à la confiance des chevaliers chrétiens en gouvernant avec la plus haute sagesse, qu'il gagna sur les musulmans de Palestine, soutenus par ceux d'Égypte, la célèbre bataille d'Ascalon, et mourut après un an de règne, en laissant un nom qui rappelle des qualités héroïques et qui vivra parmi les hommes aussi longtemps que le souvenir des expéditions militaires du moyen âge.

Les Croisades continuèrent pendant près de deux cents ans. Ouvertes par Godefroy de Bouillon, elles furent closes par saint Louis, dans la dernière moitié du treizième siècle. Dans cet intervalle deux fois séculaire, il y eut des triomphes et des revers, des dévouements et des fautes, des saintetés et des ambitions, de la vaillance toujours; ce fut l'âge héroïque de la chrétienté, la gigantesque épopée de l'Occident.

Odon de Dieul, moine de Saint-Denis,

---

1. Guillaume de Tyr, *Histoire des Faits et Gestes dans les régions d'outre-mer.*

nous dit dans son livre de *Gestes de Louis VII*, que Conrad, découragé par tant de revers, et Louis, qui avait vu « les plus belles fleurs de la France se faner avant d'avoir porté leurs fruits sous les murs de Damas, » regagnèrent leurs États, laissant le royaume de Jérusalem dans une situation lamentable.

A leur mort, Godefroy de Bouillon et son frère Baudouin furent enterrés au-dessous de la chapelle de la Croix, non loin de la Pierre de l'Onction. C'est là qu'on voyait leurs sépultures lors de l'incendie de 1808; sur les tombes on lisait ces deux titres écrits en latin :

Ici repose l'illustre duc Godefroy de Bouillon lequel conquit toute cette terre a la religion chrétienne, que son âme règne avec le Christ. Ainsi soit il.

Le roi Baudouin, autre Judas Machabée, espoir de la patrie, appui de l'Evangile, vaillant soutien de l'une et de l'autre, devant lequel tremblaient, en leur payant tribut, César et l'Egypte, Dan et l'homicide Damas, hélas ? est enfermé dans cette étroite tombe.

Ces inscriptions n'existent plus; la jalousie des Grecs les a détruites à l'occasion de l'incendie, comme pour effacer le glorieux témoignage de notre sang; ils remplacent toutes les inscriptions latines par des inscriptions grecques, pour faire acte de propriété (1). De Godefroy de Bouillon, il reste encore l'épée et les éperons; la poignée de la vaillante lame était de fer doré; l'or en est tombé, mais la gloire y reste attachée, et nulle main française ne peut toucher cette relique sans frémir d'un religieux patriotisme. C'est avec cette épée que le Révérendissime Père Custode de Terre-Sainte conférait autrefois l'Ordre de Chevalerie du Saint-Sépulcre.

L'opinion des écrivains est partagée sur l'origine de cet Ordre, dont l'institution se perd dans la nuit des temps; la plupart en attribuent la fondation à Godefroy de Bouillon, en 1099, après l'entrée des croisés dans Jérusalem, pour garder les Lieux-Saints, protéger et soigner les pèlerins qui venaient les visiter, et enfin racheter les esclaves chrétiens. Son institution toutefois se trouve dès le XVe siècle sanctionnée par les Souverains-Pontifes et réglée par des statuts opportuns.

Saint Louis, à son retour de la Palestine,

---

1. A côté du tombeau de Baudouin, les Grecs en vénéraient un autre d'une bien plus haute antiquité : c'était le tombeau de Melchisédech, l'ancien roi de Salem et l'ami d'Abraham. Il ne reste plus trace aujourd'hui de ce tombeau.

amena avec lui vingt Frères de l'Ordre du Saint-Sépulcre; il les établit à Saint-Samson d'Orléans, où une archiconfrérie subsista jusqu'en 1254, époque à laquelle le saint roi la fit transférer dans l'église de la Sainte-Chapelle, à Paris, où les voyageurs étaient obligés de se faire inscrire avant leur départ pour la Terre-Sainte.

En 1489, le Pape Innocent VIII réunit l'Ordre du Saint-Sépulcre et tous ses biens à celui de Malte; mais cette réunion donna naissance à plusieurs procès et ne reçut pas son entière exécution.

Le 19 août 1814, le roi Louis XVIII promit sa protection à l'Ordre, qui, en France, à cette époque, se composait du roi et des princes de la famille, de quatre cent cinquante membres, grands officiers, officiers, et chevaliers.

Il fut un temps où, pour être autorisé à porter la décoration du Saint-Sépulcre, il fallait justifier qu'on avait visité les Lieux-Saints. Plus tard le gouvernement français n'admit plus que le port des décorations accordées par des souverains.

Le Patriarche de Jérusalem, qui avait le privilège de créer des chevaliers, ne se trouvait pas dans cette condition.

En 1867, Mgr Valerga quittait Rome, où il avait assisté aux fêtes du Centenaire, pour se rendre à Paris, Bruxelles, Vienne et Madrid et allait demander à ces gouvernements la reconnaissance officielle de l'Ordre et de la décoration du Saint-Sépulcre. En même temps le Cardinal Antonelli adressait, en date du 29 juillet de la même année, une note circulaire aux nonces et internonces du Saint-Siège, en déclarant que *l'Ordre du Saint-Sépulcre* est un *Ordre Pontifical,* que le Saint-Père en est le véritable Grand-Maître. Il est conféré par le Patriarche de Jérusalem au nom et par l'autorité du Saint-Siège.

N. S. P. le Pape Pie IX, par son Bref qui commence par ces mots : « *Cum multa* » sous l'anneau du pêcheur et la date du 24 janvier 1868, a renouvelé les Statuts et divisé les membres en trois classes distinctes : Grand'Croix, Commandeurs et Chevaliers [1].

La décoration consiste en la croix de

---

1. Les Grand'croix auxquels seuls est accordé l'usage de la plaque d'argent ornée des insignes de l'ordre, portent ces insignes, c'est-à-dire la croix de Godefroy de Bouillon, suspendue à une écharpe de l'épaule droite au flanc gauche. Les Commandeurs portent la croix suspendue en sautoir. Les chevaliers la portent en format plus petit et suspendue à la boutonnière.

L'uniforme est commun aux trois classes, quand à la forme et à la couleur, drap blanc avec cuirasse, collet, parements noirs, plus ou moins orné selon le grade d'un chacun.

Godefroy de Bouillon, formée de cinq croix émaillées de rouge sang. La croix du milieu à l'exclusion des autres quatre collatérales, doit être potencée. Le ruban est de soie moirée noire.

CHAPITRE ONZIÈME.

La question des Lieux-Saints. — Réflexions. — Solution.

NOUS avons, aussi succinctement que possible, raconté l'histoire de Jérusalem et du Saint-Sépulcre, et nous avons trop bonne opinion du lecteur pour croire que nous devons l'éclairer sur les vicissitudes subies par le Tombeau de JÉSUS-CHRIST et montrer tout ce qu'il y a de plausible ,et d'incontestable dans les traditions catholiques touchant l'authenticité des Saints-Lieux.

Certes, personne ne le niera : les premiers chrétiens étaient exactement renseignés sur la véritable situation du Calvaire. Et puis qu'importe au christianisme une erreur de quelques mètres sur la topographie de la Cité Sainte ? Le tombeau du Sauveur n'est point où il devait être, dites-vous ; son sépulcre est perdu. Cela n'est pas, mais encore !...

Quand le Sépulcre du Sauveur ne serait nulle part, son Évangile n'en serait pas moins partout : son œuvre bravant le fer, l'hérésie, l'indifférence, reste au milieu des peuples, qui ne peuvent ni la détruire, ni la contrefaire aux yeux d'un homme attentif ;

elle ne tombe pas avec les empires qui croulent et les nationalités qui s'éteignent ; elle échappe aux révolutions politiques qui font naître et mourir tant de choses. C'est ingénieux et brave d'aller à Jérusalem pour attaquer le Tombeau de JÉSUS-CHRIST, quand sa doctrine et son Église sont partout et qu'on ne peut les faire reculer d'un pas !

Mais il est une question qui, à une certaine époque, a trop vivement préoccupé l'attention du monde et elle tient trop de place dans les préoccupations politiques, pour que nous ayons le droit de la passer sous silence : c'est la question des *Lieux-Saints*. Elle fait donc partie de notre livre.

La question d'Orient, qui fut une question politique au premier chef, a été pendant longtemps une question religieuse ; on l'a résumée en quelques mots.

« Il s'agit de la possession ou de la propriété, comme on voudra, de certaines parties d'édifices religieux, où plusieurs communautés chrétiennes célèbrent les saints mystères depuis des siècles : qui priera dans les sanctuaires à telle ou telle heure ? qui y chantera en telle ou telle fête ? qui dira la messe ou psalmodiera le premier, le second, le dernier ? qui allumera une lampe ou plusieurs lampes, ou seul, ou simultanément

avec les sacristains des autres communautés ? qui placera un tapis à tel autel ? qui
réparera tel pan de muraille ? qui mettra
une inscription latine, grecque, arménienne,
à telle voûte ? qui fera souder des plombs
sur telle coupole ? qui suspendra ici un tableau, là une tenture ? » Telle fut en principe la question des Lieux-Saints, si prodi-
gieusement agrandie aujourd'hui qu'elle est
devenue la querelle du monde.

François Ier fut le premier monarque
européen qui conclut un traité avec la *Sublime-Porte*. Il obtint de Soliman-le-Grand
une *capitulation* — c'est le mot du temps —
qui est aujourd'hui encore la base de toutes
les stipulations publiques et commerciales
de la Turquie avec l'Europe. Une clause
de cette capitulation concernait les posses-
sions des Latins à Jérusalem. Cette clause
reconnaissait aux Latins la possession dans
la Terre-Sainte des Sanctuaires qui se
trouvaient entre leurs mains *ab antiquo*. Le
traité ne les désignait pas plus clairement.

Un second traité, à la date de 1740 re-
produisait textuellement la clause ambiguë
du premier et la ratifiait, sans toutefois in-
diquer davantage les sanctuaires qui devaient appartenir aux Latins.

Le protectorat, incontesté, de la France
sortit de ces deux clauses.

Plus d'une querelle s'éleva entre les communions rivales. On comprend toutes les difficultés qui durent naître dans l'exercice de ces droits mal définis. Ces difficultés se vidaient quelquefois sur les lieux mêmes par les décisions du tribunal local, plus souvent à Constantinople, par les firmans du Grand-Seigneur.

De temps immémorial, les différentes communions chrétiennes ont eu des autels dans l'église du Saint-Sépulcre, où chacune d'elles venait célébrer les saints mystères selon les rites de sa liturgie particulière. La possession d'un sanctuaire se manifeste aux yeux de tous par un tapis que l'on pose, par une lampe qu'on allume. Les plus riches, les plus forts, les plus habiles ont étendu peu à peu leurs droits, les ont consacrés par l'usage, et plus tard défendus par la prescription.

Ajoutons qu'en Orient toute construction, toute réparation est une preuve de propriété, et que plus d'une fois, on a détruit subrepticement pour réparer au grand jour et faire ainsi *acte de propriété* (1).

---

1. Les Latins se plaignent des spoliations suivantes et réclament :

Le monument du Saint-Sépulcre, dont les Grecs se sont emparés, après l'avoir restauré en 1808. Ils en ont le soin et l'entretien dont les Latins étaient chargés autrefois ;

La grande Coupole, au-dessus du Saint-Sépulcre : ce

A aucune époque de son histoire, la France n'a renoncé au protectorat des Lieux-Saints, protectorat toujours nécessaire, souvent efficace.

Sous la Restauration on ne s'occupa des affaires des Lieux-Saints que comme d'affaires religieuses et privées : cela suffisait alors : on devinait l'influence de la France, sans qu'elle songeât à la faire sentir. Tous les papiers qui venaient de Jérusalem à l'ambassade de France, n'étaient pas soumis au ministre ; on réglait cela dans les bureaux subalternes, et personne ne se plaignait.

Louis-Philippe tenta des négociations qui échouèrent. Son gouvernement s'embarrassa plus d'une fois dans les nœuds inextricables de la question d'Orient.

Enfin l'Étoile d'argent et l'inscription latine, enlevées par les Grecs, dans la

---

sont les Grecs qui l'ont reconstruite, et ils en permettent l'usage ;

La Pierre de l'Onction, autour de laquelle toutes les communions allument des lampes ;

Les sept arceaux de la Vierge ;

L'emplacement des tombeaux des Rois francs dans la chapelle d'Adam, sous le Calvaire ;

L'église de Gethsémani et le Tombeau de la Vierge ;

L'église supérieure de Beit-Léhem, que les Grecs et les Arméniens possèdent exclusivement ;

Enfin la possession mixte de l'autel du Calvaire, où JÉSUS-CHRIST fut élevé en croix. Cet autel appartient maintenant aux Grecs qui, non contents de la propriété, se réservent la possession exclusive.

Crypte de Beit-Léhem, au sanctuaire de la Nativité, rajeunirent et envenimèrent la querelle.

C'était une offense gratuite.

La France en demanda immédiatement réparation ; elle réclama aussi la restitution de tous les sanctuaires dont les catholiques se prétendaient dépouillés, et le rétablissement immédiat de la grande Coupole du Saint-Sépulcre, par les soins des Latins.

Cette grande Coupole avait le plus pressant besoin de réparation. Les Grecs augmentaient le dégât de leurs propres mains, pour rendre la restauration indispensable. Ils espéraient en obtenir le privilège et consacrer de nouveau et solennellement leur possession exclusive.

Les Latins s'opposaient de tout leur pouvoir à ces prétentions ; non seulement ils voulaient exécuter eux-mêmes les réparations, mais ils demandaient encore le rétablissement de toutes les inscriptions latines, existant avant l'incendie de 1808, et la démolition immédiate de tout ce qui avait été ajouté depuis cette époque par les Grecs.

Il faut bien le dire, la Porte donna tour-à-tour raison aux deux parties. C'était une lutte de passions puissantes et un conflit d'influences politiques, se voilant sous le prétexte du zèle religieux.

Ce que la France a fait et obtenu en diverses circonstances prouve ce qu'elle pourrait obtenir encore, si elle se posait, comme son droit et son honneur le lui demandent, en protecteur zélé du catholicisme, et en défenseur intrépide des chrétiens.

« C'est une chose triste à dire, mais il n'en est pas moins certain que le gouvernement turc s'est montré constamment sourd aux réclamations des catholiques dans les questions relatives aux Lieux-Saints. Et que l'on ne croie point que nous en attribuions exclusivement la faute aux membres supérieurs du Gouvernement. Non, sans doute ; lorsque celui-ci reçoit les rapports de ses subalternes, ils sont dénaturés par l'argent des Grecs, par les intrigues des Arméniens et par les machinations de la Russie. Les faits n'apparaissent plus alors que défigurés, et les prétentions les plus odieuses, les vexations les plus révoltantes pèsent moins dans la balance de la justice que l'or et les promesses des coupables et que les menaces formidables d'un souverain dont l'omnipotence est un principe reconnu de tous.

« Il faut pourtant que nous voyions disparaître à jamais un pareil état de choses, non moins pénible au cœur des vrais chrétiens qu'il est contraire à cette justice qui doit servir de règle aux nations comme aux individus ; il faut que nous voyions triompher enfin le droit des gens et les lois les plus sacrées, foulées journellement aux pieds, en Palestine, par la malveillance et l'audace des Grecs [1]. »

Nous n'avons point le projet d'entrer ici dans les incidents de chancelleries, à travers lesquels a passé cette question ; c'est l'histoire de la diplomatie contemporaine. Mais, comme disent les Arabes, il faut qu'un jour ou l'autre la poudre parle.

Comme on le voit, ce qui est engagé dans la querelle des Grecs et des Moines latins, c'est d'abord une question de propriété, et ensuite une question de principes. A ce double point de vue, il y a longtemps que la France aurait dû faire décider la cause en faveur des Moines latins. La propriété est aussi sacrée au Calvaire que partout ailleurs, et l'on peut dépouiller tout le monde si l'on peut dépouiller un religieux. En outre, il n'y a pour la France ni logique, ni avantage, ni gloire à trahir son passé en retirant aux Saints-Lieux la protection de son

---

1. Eyzaguirre. *Le Catholicisme* etc.

grand nom, et à laisser prévaloir en Orient une politique, des idées et des intérêts qui ne sont pas les siens.

Par conséquent tout se réunit et s'accorde pour tracer à la France le rôle généreux qu'il lui appartient de remplir à Jérusalem.

Espérons en Dieu, ayons foi dans le triomphe du droit et de la justice ; prions avec confiance, car l'heure viendra où nos vœux seront exaucés. Cette heure viendra et elle viendra pour la France ; car c'est vers la France que les Catholiques de Syrie lèvent les yeux ; c'est elle qu'ils invoquent, elle qu'ils attendent toujours ; c'est sur elle qu'ils comptent, après Dieu, pour la revendication de leurs droits et la protection de leur liberté religieuse !

CHAPITRE DOUZIÈME.

Il faut donner pour les Lieux-Saints. — Allons en pèlerinage à Jérusalem.

MIEUX on comprend l'importance et la dignité d'une œuvre, plus aussi l'on donne à cette œuvre facilement, condition qui ne contribue pas peu à augmenter le mérite de l'aumône qu'on fait : car Dieu aime que l'on donne avec gaieté de cœur [1]. C'est pourquoi il ne sera peut-être pas inutile en terminant notre travail, de parler de l'Œuvre des Lieux-Saints et de dire quelques mots de son mérite.

Donner pour les Lieux-Saints, c'est d'abord une œuvre de foi ; car c'est combattre l'incrédulité et affirmer sa croyance aux mystères de la religion chrétienne. C'est combattre l'incrédulité en maintenant dans le monde une preuve palpable de la vérité de l'Évangile ; nos ennemis auraient bien plus beau jeu, s'il n'y avait, pour confondre leurs dénégations, l'irréfutable témoignage des lieux et des monuments ; il leur serait bien plus aisé de faire passer la vie du Sauveur comme un mythe, une fable apparte-

---

1. Saint Paul, II Cor. IX.

nant à des âges lointains, si les lieux où elle s'est passée n'en rendaient un témoignage toujours présent : or, c'est par les dons et les offrandes pour les Lieux-Saints que nous soutiendrons ces Sanctuaires dont la seule existence est si accablante pour l'incrédulité.

Donner pour les Lieux-Saints, c'est ensuite affirmer sa foi aux mystères de la Sainte Trinité, de l'Incarnation et de la Rédemption.

De la Sainte Trinité : car c'est dans la Terre-Sainte que Dieu le Père a manifesté son Fils, que le Fils a passé toute sa vie mortelle et que le Saint-Esprit est descendu sur les Apôtres.

De l'Incarnation : car c'est dans la Terre-Sainte, à Nazareth, que le Verbe de Dieu s'est fait chair et dans la Terre-Sainte encore, à Bethléem, qu'il est né et a paru au milieu des hommes, véritable Emmanuël, Dieu avec nous.

De la Rédemption : car c'est dans la Terre-Sainte, à Jérusalem, que Notre-Seigneur a souffert pour racheter le monde.

Donner pour les Œuvres de la Terre-Sainte, c'est faire un acte de la vertu de religion, et cela pour deux raisons. D'abord, parce que nous y honorons une terre que Dieu a sanctifiée ; la Terre-Sainte en effet n'a-t-elle pas bien droit à porter ce titre ? Elle est sainte, parce que les patriarches, les prophètes et tous les justes de l'ancien Testament y ont vécu ; sainte, parce que les Apôtres, tant de glorieux martyrs, de grands docteurs, de confesseurs, de vierges, d'anachorètes l'ont illustrée par leurs vertus ; plus sainte encore, parce qu'elle a été la patrie de la Bienheureuse Vierge Marie et de saint Joseph ; la plus sainte de toutes, parce qu'elle a été le témoin de la Naissance, de la Vie, de la Mort, de la Résurrection et de l'Ascension de Notre-Seigneur et qu'ainsi c'est d'elle qu'est sortie toute la sainteté qui s'est jamais trouvée et qui se trouvera jamais sur la terre : toute grâce a été méritée dans son sein, sur le mont Calvaire, par un de ses habitants, par un des descendants de ses rois, par JÉSUS-CHRIST, Fils de David.

Donner pour la Terre-Sainte, c'est encore faire un acte de vertu de religion, en ce que l'on contribue à entretenir les Sanctuaires les plus vénérables que possède le monde chrétien et à y perpétuer l'exercice du culte public. La seule énumération des religieux et religieuses établis en Terre-Sainte en est une preuve [1]. Les Pères Franciscains possèdent et desservent, à Jérusalem, la plupart des églises et chapelles ainsi qu'on a

---

1. Voir Chapitre IX.

pu le lire au Chapitre V (2). On peut dire en toute vérité que, sans religieux Franciscains, le pèlerinage de Terre-Sainte serait impossible : or ce pèlerinage est une œuvre importante aux yeux de l'Église, puisqu'elle l'a plus d'une fois imposé à de grands coupables comme pénitence et que le Souverain-Pontife seul, peut dispenser du vœu de faire un pèlerinage en Terre-Sainte, et quand la quête du Vendredi-Saint n'aurait pour résultat que de permettre aux pèlerins catholiques l'entrée de la Terre-Sainte, ce serait déjà par cela même une œuvre de religion très méritoire.

La dépense pour l'entretien des églises et des chapelles aux Lieux-Saints est énorme! Qu'on en juge par la seule basilique de Bethléem : elle se compose de cinq grandes nefs, formées par quarante-six colonnes corinthiennes, monolithes, en marbre veiné de rouge. C'est dans sa crypte que se trouve le Sanctuaire de la Nativité de Notre-Seigneur JÉSUS-CHRIST, où trente-deux lampes

---

1. Les RR. PP. Franciscains possèdent, à Bethléem, au moins depuis l'an 1227, la grande église de *la Nativité*; au village de Saint-Jean, l'église élevée sur la maison de Zacharie, et à une demi-lieue de là le Sanctuaire de la Visitation. Ils ont une église à Nazareth et y desservent les sanctuaires de *l'Annonciation*, de *l'Atelier de saint Joseph*, etc ; ils ont un sanctuaire sur le mont Thabor au lieu de la *Transfiguration*, à *Cana*, à *Tibériade*, à l'endroit où Notre-Seigneur établit saint Pierre chef des Apôtres, à *Séphoris*, maison de sainte Anne et de saint Joachim, etc.

brûlent nuit et jour ; là encore se trouvent le Sanctuaire de la Sainte-Crèche, celui de l'Adoration des Mages, le Tombeau de saint Jérôme avec l'oratoire où ce grand Docteur fit la traduction latine des livres saints connue sous le nom de Vulgate, le Tombeau de sainte Paule et de sainte Eustochie, sa fille, celui des saints Innocents et l'autel de saint Joseph.

Que dire encore des dépenses qu'exige l'entretien de la basilique du Saint-Sépulcre et des grandes églises de Jérusalem ? Mais il n'y a pas seulement à entretenir ; il faut rebâtir les sanctuaires que le temps, les guerres, le fanatisme des Musulmans ont ruinés, et pour tant de dépenses, les Pères de Terre-Sainte ne peuvent compter que sur les catholiques d'Europe. Que ce simple exposé excite donc leur générosité et qu'ils s'empressent par là de continuer l'œuvre de leurs Pères, l'œuvre des Croisés, en soustrayant à l'infidélité ou au schisme, sinon la Terre-Sainte, du moins les Lieux-Saints.

Donner pour les Lieux-Saints, c'est en effet continuer, dans la mesure possible, l'œuvre des croisades. Qu'il était beau ce mouvement de foi qui précipita l'Occident sur l'Orient pour la conquête du Tombeau de Jésus-Christ ! Quelle gloire chrétienne la France en particulier ne s'acquit-elle pas par la grande part qu'elle prit à ces nobles expéditions ! Mais hélas ! Dieu dont les desseins sont impénétrables, a permis que la Terre-Sainte retombât sous le joug des infidèles ; toutefois il a réglé en même temps qu'une milice de pénitence et de pauvreté atteindrait le but principal des croisés et garderait les Saints-Lieux ; et, en effet, depuis plus de six cents ans, les enfants de saint François veillent jour et nuit sur le tombeau de JÉSUS-CHRIST et sur les sanctuaires illustres que nous avons déjà mentionnés. Mais ils sont là en présence d'ennemis perfides, des Grecs surtout qui cherchent le plus léger prétexte pour agrandir leurs usurpations et enlever aux catholiques quelques-uns de leurs droits ; et malheureusement, appuyés comme ils le sont par l'or et la puissance russes, tandis que la France, par un triste effet de l'esprit révolutionnaire, ne prête plus qu'un faible appui aux catholiques, ils élèvent de nouvelles prétentions que la violence et la corruption, plus d'une fois heureuses déjà, pourraient bien faire triompher. C'est à nous, catholiques, qu'il appartient de nous opposer à leurs empiétements en secourant de nos aumônes et de notre influence les religieux et religieuses de Terre-Sainte, qui représentent la chrétienté et défendent ses intérêts sur ce champ de combat.

Donner pour les Lieux-Saints, c'est faire acte de charité envers le prochain et envers soi-même.

Envers le prochain : car les religieux de Terre-Sainte assistent plus de trois mille chrétiens, logent quatre cents familles, entretiennent quarante-deux écoles, donnent les soins spirituels à près de trente-deux mille catholiques, etc.

Envers soi-même : en effet, en donnant pour les Œuvres de Terre-Sainte, on gagne d'abord les grandes Indulgences que les Souverains-Pontifes Martin IV, Nicolas IV, Innocent IV, Clément V, Alexandre IV, et Jules II ont accordées à ceux qui font des aumônes aux Frères-Mineurs et à leurs églises ; de plus, on s'assure une part dans les prières de nuit et de jour, processions, pèlerinages que les Franciscains font en Terre-Sainte ; enfin on participe aux messes que les Pères célèbrent, particulièrement le lundi, au Saint-Sépulcre, à Bethléem et à Saint-Sauveur. Or le nombre de ces messes est très considérable (1). Nous avons donc là un moyen bien facile de nous assurer des messes pour le repos de nos âmes, quand nous serons entrés dans notre éternité.

1. En 1863 *dix-huit mille six cent soixante-quatre messes* ont été célébrées et appliquées en faveur des bienfaiteurs des Saints-Lieux par les RR. PP. Franciscains.

Réfléchissons sur tant de motifs et soyons heureux de prendre une large part à une œuvre si importante, si chère à l'Église et si méritoire.

Soutenons également et avec énergie *toutes les Œuvres* qui, par une action quelconque, peuvent revendiquer et agrandir notre place en Orient. Et parmi ces œuvres il faut ranger celle qui a pour but d'augmenter chaque année au Saint-Sépulcre le cortège des pèlerins catholiques? Chaque nation doit se retrouver au pied de la Croix; et que toutes ensemble concourent à ces manifestations publiques par lesquelles nos pèlerins rappellent les droits imprescriptibles des catholiques sur les sanctuaires !

La présence des caravanes arrivant chaque année, en Terre-Sainte, continuellement, sans interruption, est une protestation vivante contre les empiètements par lesquels on voudrait nous ravir nos sanctuaires. C'est une prise de possession permanente qui empêche la prescription si souvent invoquée par les usurpateurs de nos droits en Palestine. Honneur aux catholiques qui, à travers les flots, au-delà du désert, vont par leur présence affirmer nos titres de propriété sur le patrimoine de la sainte Église notre Mère.

Mais la meilleure manière de témoigner

nos sympathies à l'Œuvre des Pèlerinages, c'est de prendre rang dans les caravanes qui deux fois par an s'organisent à cet effet.

Enfin, si nous aimons Notre Seigneur JÉSUS-CHRIST, ses exemples et ses leçons, allons en Terre-Sainte ; si nous aimons la Sainte Vierge Marie, ses vertus et ses douleurs, allons en Terre-Sainte ; si nous aimons la Crèche, Nazareth, le Saint-Sépulcre, le Carmel, Béthanie et le Thabor, allons en Terre-Sainte ; si nous aimons le Jourdain, le lac de Génésareth et cette barque de pêcheur où l'on est assuré de ne jamais périr, allons en Terre-Sainte.

Aller en Terre-Sainte, c'est éprouver, comme tant d'autres, qu'aux Lieux-Saints, *la foi augmente l'amour, l'amour ravive la foi !*

———

Espérons que ce livre aura sa part de la bienveillance que les lecteurs ont bien voulu accorder à mes autres ouvrages. La Providence, qui a ses desseins sur tous les hommes, même sur ceux qui occupent le rang le plus modeste, voudra bien jeter quelques bénédictions sur ces pages que nous sommes heureux de consacrer à la gloire des Lieux-Saints, de cette patrie commune de l'humanité croyante.

Puis, en terminant, déposons sur la tombe toujours vénérée et toujours glorieuse du Fils de l'Homme notre cœur avec ses joies et ses peines, ses craintes et ses espérances. Bien des émotions nous sont sans doute réservées dans le cours de notre vie, mais rien ne me fera oublier la Terre-Sainte et ses grands souvenirs.

Quand notre âme se trouvera comme écrasée sous le pressoir de la douleur et du sacrifice, elle ira se reposer à côté de Jésus, à Gethsémani et au Calvaire, et, prosternée sur les traces du Maître, elle se fortifiera ainsi contre ses propres angoisses, en respirant l'air natal des vrais sacrifices et des saintes douleurs.

FIN.

TABLE DES MATIÈRES.

OUVRAGES

DE

M. ALFRED MONBRUN.

Notre Dame de Lourdes, impressions et souvenirs, dédié à Sa Grandeur Mgr Fonteneau, Évêque d'Agen.— *Se vend au profit du monastère des Trappistines de St-Paul-aux-Bois.* — Un beau vol. in-18, par la poste.....................fr. 3 00

Vie de Saint Simon de Stock, instituteur et propagateur du Saint-Scapulaire, suivie de la *Bulle Sabbatine de Jean XXII*, ouvrage honoré d'un Bref spécial de S. S. le Pape Pie IX, et approuvé par Mgr l'Archevêque d'Auch et NN. SS. les Evêques d'Aire, de Tarbes, de Périgueux et Sarlat, etc., — *Se vend au profit du monastère des Carmélites établies à Jérusalem*, 3ᵉ édit. 1 vol. in-12... 2 25
Par la poste... 2 50

Histoire de Notre-Dame de Verdelais, diocèse de Bordeaux, revue et augmentée, dédié à Son Éminence Mgr le Cardinal DONNET. — 6ᵉ édit. par la poste... 2 00

De la Dévotion à saint Joseph, un vol. in-32. Édit. de luxe, par la poste............................ 0 50

Une Semaine à La Trappe, de Sainte-Marie-du-Désert, 8ᵉ édit., un vol. in-12 .... 1 50
Par la poste franco.................................... 1 75

Mois des Ames du Purgatoire : Considérations, Exemples, Pratiques, Prières, etc., pour chaque jour du mois de novembre, suivi de *Méditations pour l'Octave des Morts*, etc., ouvrage approuvé par Son Éminence le Cardinal DONNET, Archevêque de Bordeaux, et Mgr l'Évêque de Poitiers, etc. — *Se vend au profit des Religieux expulsés*, un beau vol. in-18. Prix par la poste 3 00

Les Décorations Pontificales, un beau vol. in-12. *Se vend au profit du Denier de St-Pierre*, prix franco 3 25

A quoi servent les Moines, approuvé par Son Éminence le Cardinal DONNET et suivi d'une lettre du R. Père Abbé de N.-D. de la Trappe de Bonne-Espérance. — *Se vend au profit des RR. PP. Trappistes de Notre-Dame-de-Bonne-Espérance, (Dordogne)*, un vol. in-8............. 1 00

Staouely ou les Trappistes en Algérie, in-12, 2ᵉ édition 1 50
Par la poste.. 1 75

Le Luxe, causerie, 11ᵉ édit. 1 vol. in-8. (Épuisé)...

Publications de l'Imprimerie St-Augustin.

Allons au Ciel, Manuel de l'âme pieuse 2me édition, revue et augmentée .... fr. 4,50

Le chemin de la Croix, extrait de *Allons au Ciel* fr. 0-60.

Les Enseignements de la Divine Sagesse dans l'Evangile et les saintes Ecritures, faisant suite à *Allons au Ciel* .... fr. 4·00.

La Vie des Saints méditée, ou une vie de Saint pour chaque jour de l'année, suivie d'une méditation et d'une prière, par le R. P. J. C. Grossez S. J. .... fr. 3·50.

Le Ménologe du Carmel, ou Vies des saints, bienheureux, vénérables et personnages illustres de l'ordre du Carmel, 3 vol. .... fr. 10·00.

Méditations du vénérable P. Louis du Pont, de la Cie de Jésus, traduites par le R. P. Jenesseaux, de la même Cie, 9 volumes in 18 .... fr. 27·00.

Les Consolations de la Foi dans la mort, ou quelques fleurs cueillies sur la tombe de nos proches et de nos amis qu'abrite la Croix, par l'abbé Herbet, chanoine d'Amiens, auteur de l'*Imitation méditée* .... fr. 3·50.

La Doctrine spirituelle de l'Imitation de J.-C., exposée dans un ordre méthodique avec les paroles mêmes de l'*Imitation* intégralement conservées, d'après le plan du Père George Heser, de la Compagnie de Jésus, par le P. Jacques Brucker, de la même Compagnie. .... fr. 3·00.

Le Jardin des enfants, ou Légendes de la vie des Saints racontées aux enfants, par le Rév. P. Hattler, prêtre de la Comp. de Jésus, traduit de l'allemand avec l'approbation de l'auteur .... fr. 7·00.

Marie au Temple, modèle des jeunes filles chrétiennes pendant les années de leur éducation, par Mme Marie de Gentelles. .... fr. 1·00.

L'Echelle du Ciel, ou traité de l'oraison. Texte latin avec traduction française et commentaires tirés de Suarez, par le chanoine F. Fuzet, Docteur en Théologie, prof. aux Fac. Cath. de Lille .... fr. 1·75.

La Lyre Chrétienne, ou paraphrase, sous forme de prières, des psaumes les plus usités, par l'auteur de *Allons au Ciel*.

www.ingramcontent.com/pod-product-compliance
Lightning Source LLC
Chambersburg PA
CBHW070620100426
42744CB00006B/561